Günter Wagner · Dr. Siegfried Lehrl · Eva Maria Hund

5 IQ-Punkte mehr in 7 Tagen

Das kompakte Programm aus Ernährung, Gehirntraining und Bewegung

NATÜRLICH GEISTIG FITTER – DAS PRAXISBUCH

Inhaltsverzeichnis:

Mentale Aktivierung macht Potentiale nutzbar

Das moderne Gehirntraining nach dem Konzept der Mentalen Aktivierung ist noch nicht sehr alt. Als die Gesellschaft für Gehirntraining e. V. (GfG) vor 30 Jahren begann, die Idee einer breiteren Öffentlichkeit zugänglich zu machen, war der Begriff „Gehirn-Jogging" noch kaum bekannt. Heute kennt jedermann die damalige Wortschöpfung von drei Gründern der GfG. Hat sich damit die Idee von der Trainierbarkeit des Gehirns durchgesetzt?

Man sollte es meinen, angesichts der Vielzahl der Ratgeber, die im Buchhandel und im Internet angeboten werden. Bei genauerer Betrachtung wird aber deutlich, welch breites Spektrum an unterschiedlichsten Maßnahmen zur Förderung der Hirnleistung sich präsentiert. Und das kommt nicht von ungefähr. Die Leistungsfähigkeit des Gehirns lässt sich nämlich tatsächlich auf unterschiedlichen Wegen beeinflussen. Deshalb ist es für Laien nicht einfach, die richtigen Maßnahmen zu erkennen und auszuwählen.

Genau hier setzt der besondere Nutzen dieses Buches an. Die Autoren zeigen die drei Säulen der Förderung der Hirnleistung auf: Ernährung, Bewegung und mentales Training. In jedem dieser drei Bereiche bieten sich Möglichkeiten, die Leistungsfähigkeit des Gehirns zu stärken und zu stabilisieren. Optimale Wirkung lässt sich aber nur mit kombinierten Programmen erzielen, die alle drei Ebenen einbeziehen.

In solchen Förderprogrammen für die geistige Fitness nimmt nun das mentale Training eine Sonderstellung ein. Durch gezielte Ernährung und Bewegung kann die Basis für mehr Hirnleistung geschaffen werden. Es entstehen verbesserte Bedingungen für mehr Konzentration, schnelleres Denken oder zuverlässiges Gedächtnis. Wie stark diese

Vorteile dann tatsächlich zum Tragen kommen, hängt allerdings entscheidend von der zusätzlichen Aktivierung des Gehirns ab. Mentales AktivierungsTraining (MAT) wirkt gewissermaßen wie ein Katalysator. Wer die Empfehlungen dieses Buches bezüglich Ernährung und Bewegung umsetzt, hat mehr davon, wenn er sich auch mental aktiv hält. Das aktive Gehirn kann die Vorteile geeigneter Ernährung und abgestimmter Bewegung besser ausschöpfen.

Peter Sturm

Ausbildungsbeauftragter der Gesellschaft für Gehirntraining e. V.

Mehr geistige Leistung durch Freude und Genuss

Dass die Ernährung die körperliche Leistungsfähigkeit beeinflusst, ist vielen Menschen vertraut und durch zahlreiche ernährungsphysiologische Studien belegt. Dass die Ernährung auch die geistige Leistungsfähigkeit beeinflusst, ist spätestens seit dem Begriff Brainfood (Gehirnnahrung) bekannt. Mit diesem Begriff werden zumeist nur einzelne Lebensmittel beworben. Die Autoren des vorliegenden Buches zeigen mit ihren Vorschlägen für ein cleveres Frühstück, für schlaue Zwischenmahlzeiten sowie für geistreiche Hauptmahlzeiten wie die einzelnen Lebensmittel zu komplexen Mahlzeiten werden. Die im Grundlagenbuch theoretisch geschilderte Neurotrition (Neurofunktion trifft Nutrition) wird konsequent in die durchdachte Praxis umgesetzt. Dem hohen Energiebedarf des Gehirns wird dabei durch die Auswahl adäquater primärer und sekundärer Pflanzenstoffe in Form von schmackhaften Lebensmitteln Rechnung getragen.

Die abwechslungsreichen Rezepte lassen sich mit geringem Aufwand und ohne umfangreiche küchentechnische Kenntnisse einfach zubereiten. Wissenswerte Kurz-Infos zu den enthaltenen Nährstoffen spannen den Bogen von der Theorie in die Praxis. Die Lesenden werden aufgefordert, sich mit Hilfe der Rezept-Vorschläge abwechslungsreich, Blutzucker stabilisierend, Durst vermeidend und Dopamin optimiert (ABDD-Modell) zu ernähren. Die ansprechenden Namen der Rezepte reizen zum Weiterlesen – auch hier wird dem Gehirn buchstäblich Nahrung gegeben. Für jeden Geschmack gibt es ein Rezept: süß, salzig, warm, kalt, flüssig, vegetarisch; Brote, Müsli, Fisch, Fleisch, Getränke usw. Die Auswahl und Zusammenstellung aus zumeist heimischen Lebensmitteln mit einem Touch Exotik regt zum (Aus-)probieren und Genießen an.

In 7 Tagen zu einem messbar höheren IQ: Der komplette Programm-Überblick zeigt in seiner Kürze und damit umso eindrucksvoller, dass das Ziel des vorliegenden Buches mit Freude und Gelassenheit ohne sich zu schinden und mit Genuss erreicht werden kann.

Maria Möllenberg-Hemker

(Oecotrophologin)

Institut für Gesundheitsförderung im Bildungsbereich e. V.

In 7 Tagen den IQ um 5 Punkte steigern

Warum kein Meister vom Himmel fällt und Topleistungen kein Zufall sind

Wer geistig fit ist, hat in unserer Wissensgesellschaft entscheidende Vorteile. Er ist intellektuell leistungsfähiger, fühlt sich wohler und kann oft auch körperlich mehr leisten. Damit verbunden ist auch eine höhere Lebensqualität. Zudem sind geistig fitte Personen in der Schule und im Beruf erfolgreicher, haben ein höheres Einkommen und leben länger.

Über seine individuell maximale geistige Fitness verfügt man jedoch nicht einfach von Geburt an. Sie muss entwickelt und trainiert werden. Ob zu Hause, im Kindergarten oder in der Schule: Die unverzichtbare Grundlage dafür ist Übung. Wie gut das Training und die persönliche Entwicklung der geistigen Leistungsfähigkeit gelingen, hängt wesentlich von der Funktionstüchtigkeit des Gehirns ab. Und wie gut unser Gehirn funktionieren kann, hängt wiederum wesentlich davon ab, wie gehirngerecht unsere Ernährung ist und wie trainiert sowohl unsere Muskulatur als auch unsere grauen Gehirnzellen sind.

Was Hänschen nicht lernt, lernt Hans...

Diese Aussage stimmt für die geistige Fitness nicht. Es ist nie zu spät, mit dem Richtigen zu beginnen. Dabei muss man sich gar nicht hart quälen und schinden, um mehr aus sich herauszuholen. Man muss nur wissen und umsetzen, wie man sein Gehirn cleverer gebraucht, um das wecken zu können, was in einem steckt. Wer also seinen IQ vor Prüfungen oder wichtigen Besprechungen und geistigen Aktivitäten in nur 7 Tagen um 5 IQ-Punkte steigern will, sollte das in diesem Buch beschriebene Programm umsetzen.

Wer seinen IQ verbessert, hat danach nicht nur bessere Schul- und Examensnoten, er dürfte dabei durchaus auch einen geldwerten Vorteil haben. So konnte der amerikanische Professor Dr. Charles Murray bereits 1998 aufzeigen, dass jeder zusätzliche IQ-Punkt jährlich rund 460 US-Dollars zusätzliches Einkommen bedeutet. Dieses kann, wenn man es durchrechnet, im Laufe von zwei oder gar drei Jahrzehnten beruflicher Aktivität ein zusätzliches Vermögen von einem oder mehreren Häusern einbringen.

In der komplexer werdenden Welt von morgen wird es stärker denn je auf unsere geistige Fitness ankommen. 70 Prozent aus der Generation Zukunft (geboren zwischen 1997 bis 2012) wünschen sich schon heute, schneller, kreativer und konzentrierter denken zu können, 53 Prozent der Teenager können sich vorstellen, künftig Lebensmittel und Trainingskonzepte zu nutzen, die die Denkfähigkeit verbessern, so Prof. Peter Wippermann im Fazit seiner Studie „Living 2038 – Wie lebt Deutschland übermorgen". Und auch für die Generation Zukunft ist dieses 7-Tage-Programm als Einstieg bestens geeignet. Es ist ein leicht im Alltag zu integrierendes Trainingskonzept, das automatisch wichtige Faktoren der geistigen Leistungsfähigkeit wie Informationsverarbeitungsgeschwindigkeit, Merkspanne oder Arbeitsspeicherkapazität auf ein höheres Niveau hebt.

Wer wie die Autoren den Anspruch erhebt, mit einem Programm den Intelligenzquotienten in nur sieben Tagen um fünf Punkte zu steigern, sollte dieses natürlich auch wissenschaftlich fundiert begründen können. Dafür haben wir ein sehr empfehlenswertes Fachbuch herausgegeben, das ebenfalls im Eubiotika-Verlag erschienen ist. Doch gemäß der Lebensweisheit aus Goethes Faust: „Grau, lieber Freund, ist alle Theorie, und grün des Lebens goldener Baum" widmet sich dieses Buch ganz der praktischen Umsetzung, mit konkreten Übungen für Körper und Geist, mit konkreten leckeren Rezepten für ein komplettes 7-Tage-Brainfit-Programm - getreu der Devise: Es gibt nichts Gutes, außer man tut es.

Neurotrition und das Modell für eine cleverere Ernährung

Nicht zu Unrecht sagt der Volksmund: Du bist, was Du isst. Aber welche Lebensmittel und Mikronährstoffe machen uns schlauer? Grundlage für die Ernährungsempfehlungen und das 7-Tage-Programm sind die Erkenntnisse aus dem Bereich der Neurotrition. Dieses Wort setzt sich aus den Begriffen „***Neuro***funktion“ und Nu***trition*** zusammen, und befasst sich mit den Wechselwirkungen zwischen Gehirnfunktion und Ernährung. Neurotrition führt erstmals Neurowissenschaften und Ernährungswissenschaften zusammen, mit dem Ziel, Wege für eine höhere geistige Leistungsfähigkeit in Verbindung mit einer besseren Gehirngesundheit aufzuzeigen. Ein erstes Ergebnis ist das vorliegende 7-Tage-Brainfit-Programm in Kombination mit Bewegung und einem Mentalen Aktivierungstraining.

„5 am Tag“ für ein Mehr an geistiger Fitness

Eine der wirksamsten Möglichkeiten, Ihre grauen Gehirnzellen richtig zu füttern, ist die Ernährung nach den Kriterien des ABDD-Modells. Es berücksichtigt die vier wichtigsten Ernährungsaspekte, die nach dem gegenwärtigen wissenschaftlichen Erkenntnisstand jeweils wesentlich zur Förderung der geistigen Leistungsfähigkeit beitragen. Beim ABDD-Modell stehen die Großbuchstaben A für „Abwechslung“ mit ausreichend viel Gemüse und Obst zur Sicherung der Zufuhr an Sekundären Pflanzenstoffen, B für „Blutzuckerstabilisierung“, also die Vermeidung einer Unter- und Überzuckerung durch favorisierten Konsum von Lebensmitteln mit einem mittleren bis niedrigen Glykämischen Index und D für „Durstvermeidung“ sowie für „Dopaminoptimierung“.

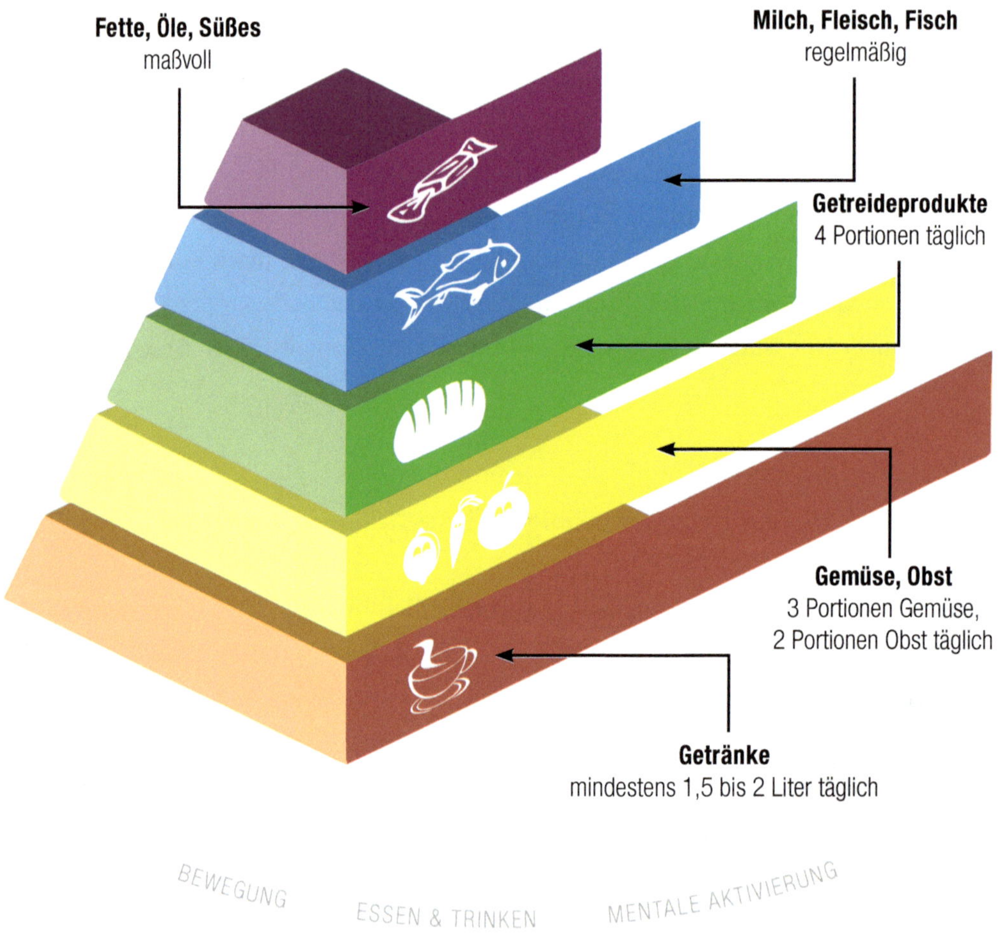

Quelle: https://www.hit.de/ernaehrungspyramide.html

Essen und Trinken

Die Deutsche Gesellschaft für Ernährung (DGE) e.V. und die Weltgesundheitsorganisation (WHO) empfehlen übereinstimmend, täglich mindestens drei Portionen Gemüse und zwei Portionen Obst zu essen. Doch die Realität sieht anders aus: 87 Prozent der in Deutschland lebenden Männer und 84 Prozent der in Deutschland lebenden Frauen essen weniger als drei Portionen Gemüse am Tag. Die Große Mehrheit von 60 Prozent kommt lediglich auf eine Portion Gemüse am Tag.

Was könnten die Gründe dafür sein? Eine Erklärung ist, dass viele einfach keine Zeit oder Lust haben, sich Obst und Gemüse verzehrfertig zuzubereiten. Andere mögen einfach den Geschmack vieler Gemüse- und Obstsorten nicht. Und rund 30 Prozent der Kinder und 20 Prozent der Erwachsenen leiden an einer Fruktoseunverträglichkeit.

Wie dem auch sei: Um herauszufinden, wie konkret jetzt der Einfluss von Gemüse und Obst auf die geistige Leistungsfähigkeit ist, haben der Hersteller von Gesundheitspräparaten, die Dr. Wolz Zell GmbH, und das Deutsche Institut für Sporternährung (DiSE) e.V. eine explorative Pilotstudie bei der Gesellschaft für Gehirntraining (GfG) e.V. in Auftrag gegeben. Das Ergebnis: Eine Erhöhung der Aufnahme an Sekundären Pflanzenstoffen aus Gemüse und Obst verbessert sowohl Kerngrößen der geistigen Leistungsfähigkeit (IQ, Merkfähigkeit, Arbeitsspeicherkapazität, Informationsverarbeitungsgeschwindigkeit) als auch Kerngrößen der subjektiven Befindlichkeit. Die Studie ist ausführlich im Band I (Neurotrition) sowie auf der Internetseite des Deutschen Institut für Sporternährung (www.dise.online) dargestellt. Für die tägliche Ernährungspraxis und die Durchführung des 7-Tage-Programmes ist letztendlich lediglich wichtig zu wissen, dass durch die Lebensmittelkombinationen auf eine ausreichende körpereigene Dopaminproduktion geachtet wurde und gleichzeitig durch den Einsatz des Mikronährstoffpräparates „Vitalkomplex Dr. Wolz" bei den Rezepturen eine ausreichende Zufuhr an Sekundären Pflanzenstoffen sicher gestellt wurde. Zudem wurde Wert auf eine clevere gehirngerechte Kohlenhydratzufuhr gelegt und eine empfehlenswerte Getränkeaufnahme von mindestens 1,5 bis 2 Litern am Tag berücksichtigt.

Der Einfluss von Bewegung auf die geistige Fitness

Mens sana in corpore sano – ein gesunder Geist möge in einem gesunden Körper sein. Wer kennt diese lateinische Redewendung nicht? Heute wissen wir, dass körperliche Betätigung die Sauerstoffzufuhr erhöht und die Bildung des Proteins BDNF (Brain-Derived Neurotrophic Factor) fördert. Dieses Protein-Molekül ist insbesondere in den für Gedächtnis und abstraktes Denken zuständigen Gehirnarealen aktiv. Jede Muskelaktivität bringt also nicht nur den Körper auf Trab, sondern hilft auch dabei, das Gehirn zu trainieren, mit zusätzlichem Sauerstoff zu versorgen und Neuronen nachwachsen zu lassen. Dem englischen Forscher Moss gelang bereits 1998 der Nachweis, dass Bewegung und ein hoher Sauerstoffspiegel im Blut den Glukose-/Kohlenhydrattransport in die Nervenzellen fördert und so den Glukose-/ Kohlenhydratstoffwechsel in den Nervenzellen erhöht und damit die Voraussetzung zur Erhöhung der geistigen Leistungsfähigkeit schafft.

Egal ob Jogging, Walking, Wandern oder Fahrrad fahren, wer sein Herz-Kreislaufsystem gezielt anregt, tut auch seinem Gehirn etwas Gutes. Es wird besser durchblutet und optimal versorgt mit all den Nährstoffen, die für seine Funktion wichtig sind. Mindestens 150 Minuten moderaten Sport pro Woche empfiehlt die amerikanische Gesundheitsbehörde, und zwar so, dass man dabei etwas ins Schwitzen kommt

Wie Bewegung die geistige Fitness fördert, und welche körperlichen und sportlichen Aktivitäten besonders gut geeignet sind, ist im Band I (Neurotrition) ausführlich dargelegt. Im vorliegenden Praxisbuch wollen wir uns auf das Wesentliche konzentrieren, auf das TUN und das MACHEN. Deshalb stellen wir Ihnen beispielhaft 15 konkrete Bewegungsübungen vor, die auch im 7-Tage-Brainfit-Programm direkt integriert sind. Zur Motivationsunterstützung an dieser Stelle aus dem Theoriebuch lediglich eine Abbildung, wie alleine ein Krankhausaufenthalt mit Bettruhe, also ohne Bewegung, den IQ – leider negativ – beeinflusst.

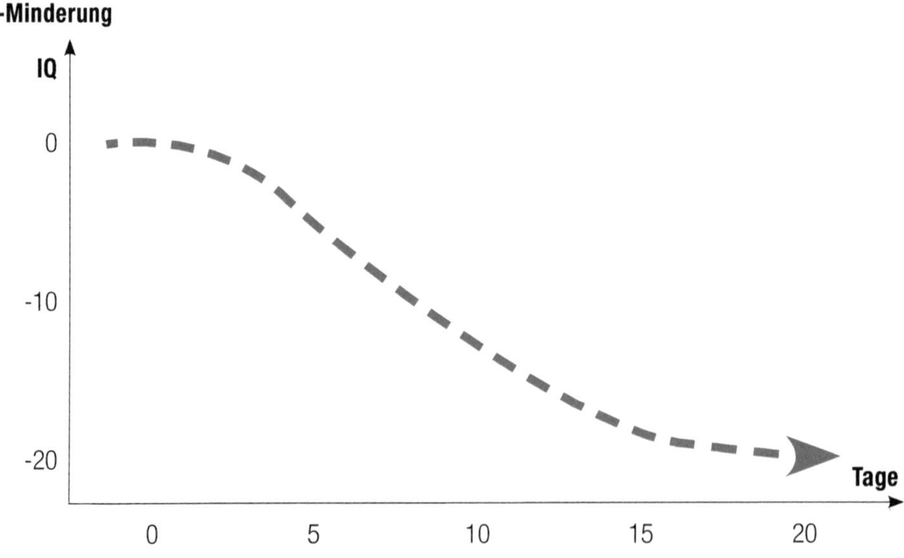

Abnahme des IQ während eines Krankenhausaufenthaltes mit Bettruhe
nach: Lehrl, S.: Die Talfahrt des IQ im Krankenhaus, S. 198-213 (10) 1984

Das Mentale Aktivierungstraining und die SOMEKO-Treppe

Wer rastet, der rostet, das gilt insbesondere auch für den Kopf. Denn auch dieser Teil des Körpers ist trainierbar und formbar wie ein Muskel. Das Mentale Aktivierungstraining ist somit im Zusammenspiel mit der Ernährung und der Bewegung ein wichtiger Faktor zur Verbesserung und auch Erhalt der geistigen Leistungsfähigkeit.

Die optimale Entwicklung der geistigen Leistungsfähigkeit wird mit der SOMEKO-Treppe sehr anschaulich dargestellt. Die SOMEKO-Treppe verdeutlicht die einzelnen Elemente, die zur Steigerung der geistigen Leistungsfähigkeit beitragen. Vier Stufen stellen den somatischen (=körperlichen) Bereich dar, also Essen & Trinken, Bewegung, Schlaf und die Sinnesleistungen (Hören, Sehen, Riechen...), eine Stufe den mentalen (=geistigen) Bereich, konkret die regelmäßige Durchführung eines Mentalen Aktivierungstrainings (MAT). Die beiden letzten Stufen bilden den geistigen Kompetenzbereich ab, also das Wissen und Können.

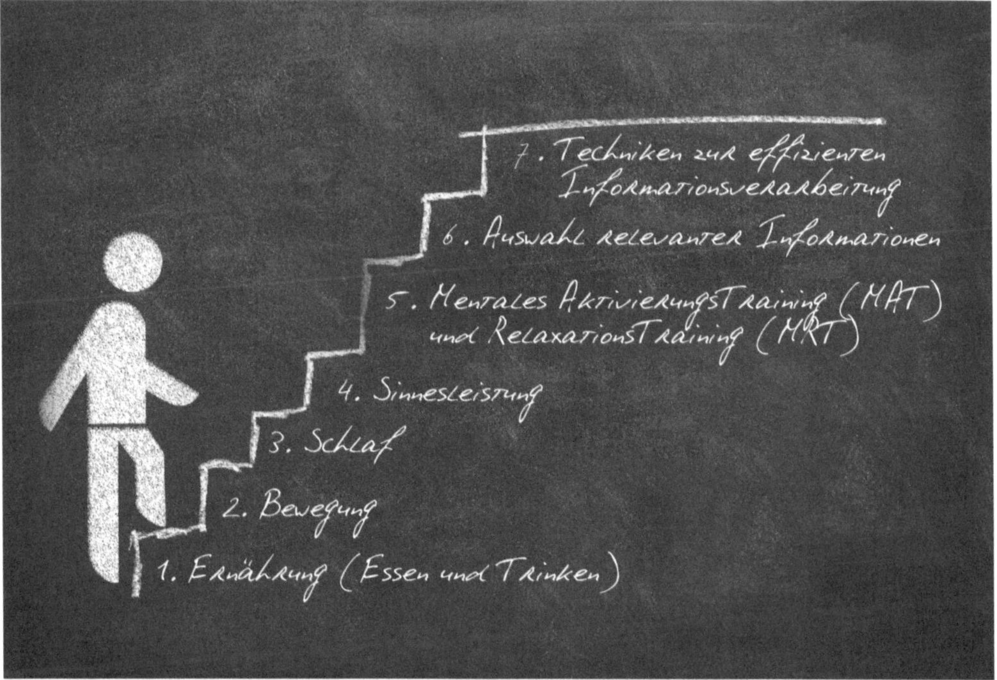

Die SOMEKO-Treppe nach: Lehrl S, & Sturm P: Brain-Tuning. 2013

Wie eine Kette nur so stark ist wie ihr schwächstes Glied, kommt es bei der Steigerung der geistigen Leistungsfähigkeit neben den somatischen Fähigkeiten insbesondere auf die Durchführung des Mentalen Aktivierungstrainings (MAT) an. Und wie beim körperlichen Training das „Warmmachen“ vor der Aktivität und der Cooling down bzw. das Auslaufen nach der sportlichen Aktivität einfach dazu gehört, gehören auch zum Mentalen Aktivierungstraining die Phase der Aktivierung und die Phase der Deaktivierung einfach dazu. Denn unser Denkapparat funktioniert am Besten, wenn er sich im richtigen Spannungszustand, also im optimalen Wachheitszustand, befindet. Bei fehlender Spannung sollten wir unser Gehirn anregen, bei zu hoher Aktivität entspannen.

Wichtige Hintergrundinformationen zur optimalen Wachheit, den Vorteilen des Mentalen Aktivierungstrainings (MAT) und des Mentalen Relaxations-Trainings sind ausführlich im Grundlagenbuch beschrieben.

In diesem 7-Tage-Brainfit-Programm haben wir neben praktischen Übungen zur Mentalen Aktivierung direkt beispielhafte Übungen zum geistigen Warming up und Cooling down integriert.

Wer sein Gehirn kontinuierlich trainiert, steigt geistig – bildlich gesprochen - um vom Fahrrad auf ein Rennrad. Doch Achtung: Fast genauso schnell wie sich der positive Effekt einstellt, kann sich der Effekt auch wieder verflüchtigen. Ziel sollte es deshalb sein, auch nach dem 7-Tage-Programm die SOMEKO-Treppe weiter nach oben zu laufen und lernend alt zu werden. Denn nur wer seinem Gehirn immer wieder neue Aufgaben stellt, sich regelmäßig bewegt und die Gehirnzellen kontinuierlich richtig füttert, beugt einem verfrühten geistigen Verfall vor. Neue Aufgaben finden Sie im Internet auf www.gfg-online.de oder im Zeitschriftenmagazin „geistig fit“ der Gesellschaft für Gehirntraining e. V.

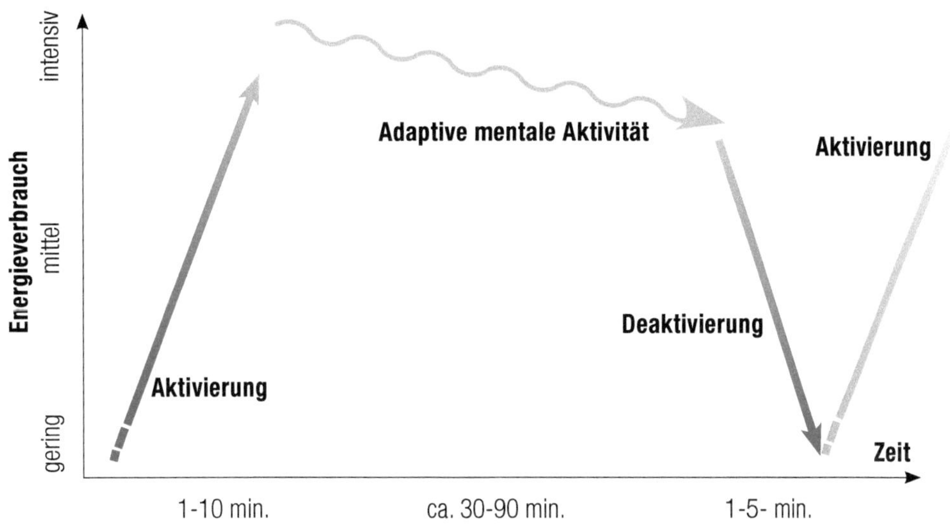

Mentaler Aktivierungszyklus als Grundlage geistigen Tuns: Wer ausgeruht ist, sollte sich zunächst geistig ein bis zehn Minuten lang auf Schwung bringen, dann für einige Zeit auf dem erreichten hohen Niveau halten (= adaptive mentale Aktivität) und schließlich wieder geistig entspannen, um die Energie für einen neuen mentalen Aktivierungszyklus zu gewinnen.

Doch nun genug der Theorie.
Jetzt kann es losgehen mit dem 7-Tage-Programm zur Steigerung Ihres IQ!

Selbsttest für die geistige Fitness (SgF-Fragebogen)

Bevor wir in das ABDD-Programm einsteigen, sollten wir eine Bestandsaufnahme machen: Wie beurteilen Sie Ihre eigene Fitness? Anhand der Skala für geistige Fitness (SgF) haben Sie jetzt die Gelegenheit, sich selbst einmal einzuschätzen. Die Skala für geistige Fitness umfasst die wichtigsten Kriterien, die nach einem Vergleich zahlreicher wissenschaftlicher Studien mit geistiger Fitness zusammenhängen.

Und los geht's:

Was trifft für Sie am ehesten zu? Bitte nicht lange nachdenken.

	Ja	fraglich	Nein
Ich bin voller Energie	2	1	0
Ich bin unglücklich	0	1	2
Ich gebe leicht auf	0	1	2
Ich mag mich so, wie ich bin	2	1	0
Mich kann nichts mehr aufheitern	0	1	2
Das Leben interessiert mich	2	1	0
Ich bin gut drauf	2	1	0
Ich fühle mich erschöpft	0	1	2
Ich kann mich nicht mehr konzentrieren	0	1	2
Ich bin glücklich	2	1	0
Nichts interessiert mich mehr	0	1	2
Was ich anfange, führe ich auch zu Ende	2	1	0

Die Auswertung ist einfach:
Zählen Sie die Kreuze zur Gesamtpunktzahl zusammen.
Als Resultat ergibt dies eine Gesamtpunktzahl zwischen 0 und 24.

Was bedeutet die Punktzahl, die Sie ermittelt haben?
Wir geben einige Deutungshilfen,
die aus mehreren wissenschaftlichen Studien abgeleitet wurden:

23 oder 24 Punkte	Ihre Angaben weisen auf eine sehr ausgeprägte geistige Fitness hin. Aber Vorsicht: Wer sich zu gut und aktiv fühlt, übersieht manchmal die Realität.
18 bis 22 Punkte	Hohe geistige Fitness. Ein Niveau, auf dem sich gut planen und handeln lässt.
13 bis 17 Punkte	Gehobene geistige Fitness. Dieser Zustand sollte nicht das Ziel sein. Er lässt sich verbessern.
7 bis 12 Punkte	Geringe geistige Fitness. Sie bleiben weit hinter dem zurück, was Sie aus sich machen könnten.
0 bis 6 Punkte	Ihnen geht es nicht gut. Wenn dies länger anhält, sollten Sie sich um fachliche Hilfen durch einen Arzt oder Psychologen bemühen.

Wissensquizze als Lerninstrument

Nun kommen wir zu einigen Wissensquizzen zum Mitmachen. Sie umfassen jeweils 26 Fragen mit drei Antwortmöglichkeiten. Diese Fragespiele kennen Sie bestimmt von den zahlreichen TV-Shows. Dort sind diese Quizze sehr beliebt, denn diese Art der Befragung mit vorgegebenen Antwortmöglichkeiten macht einfach mehr Spaß als der Versuch, selbst eine Antwort zu überlegen. Und auch unsere Wissensquizze sollen Ihnen Spaß machen und zusätzlich das Lesen auflockern. Denn das Wissensquiz ist bei uns kein Prüfungsinstrument – im Gegenteil. Es ist ein effektives Lerninstrument. Denn beim Messen des Lernerfolgs von Studenten hat sich gezeigt, dass ihre Kenntnisse durch Tests viel stärker ansteigen, als wenn sie sich in ihrem Studium nur über Lehrveranstaltungen, Skripte und Lehrbücher informieren.

Basis-Quiz
Geistige Fitness & Intelligenz

 Es ist jeweils nur eine Antwort richtig oder am besten. Bitte diese ankreuzen.

Welche Ihrer Antworten stimmen nun mit denen überein, die wir für die jeweils besten halten? Das können Sie in der folgenden Tabelle vergleichen. Setzen Sie in jeder Zeile ein Kreuz dahinter, wenn Ihre Antwort mit unserer Vorgabe übereinstimmt.

	Frage	Antwortmöglichkeiten
A	**Was bedeutet psychisch?**	1. geistig 2. seelisch-geistig 3. emotional
B	**Was kann man statt >geistig< noch sagen?**	1. mental 2. emotional 3. gefühlsmäßig
C	**Das Rechnen ist ein(e)...**	1. emotionaler Vorgang 2. automatischer Prozess 3. geistige Operation
D	**Sich durch einen Zeitungsartikel zu informieren ist ein...**	1. emotionaler Vorgang 2. automatischer Prozess 3. geistiger Prozess
E	**Freude, Trauer, Angst, Ekel und so weiter sind...**	1. Gefühle (= Emotionen) 2. Gedächtnisleistungen 3. mentale Vorgänge

F	**Psychische Zustände (States) sind...**	1.	verrückte Situationen
		2.	schnell veränderliche psychische Größen wie das momentane Befinden
		3.	individuelle und stabile (= überdauernde) psychische Eigenschaften
G	**Persönlichkeitseigenschaften (Traits) sind ...**	1.	auffällige Eigenarten eines Individuums
		2.	schnell veränderliche psychische Größen
		3.	individuelle und stabile (= überdauernde) psychische Eigenschaften
H	**Intelligenz setzen viele Wissenschaftler gleich der Fähigkeit**	1.	zu denken
		2.	die eigenen Gefühle zu zeigen
		3.	anderen zu imponieren
I	**Wer überdurchschnittlich gut, logisch oder sprachlich denkt, ein überdurchschnittliches räumliches Vorstellungsvermögen besitzt und besonders rasch Regeln beim Rechnen erkennt, ist...**	1.	sehr emotional
		2.	sehr intelligent
		3.	fähig, sehr rasche Entscheidungen zu treffen
J	**IQ bedeutet**	1.	Interessenquotient
		2.	Intelligenzqualität
		3.	Intelligenzquotient
K	**Jemand mit dem IQ 100 ist**	1.	unterdurchschnittlich intelligent
		2.	durchschnittlich intelligent
		3.	überdurchschnittlich intelligent
L	**Die Intelligenzforschung unterscheidet zwei Formen der Intelligenz: Diese sind die...**	1.	kristalline (= kristallisierte) und fluide (=flüssige) Intelligenz
		2.	Klugheit und die Dummheit
		3.	normal Intelligenten und geistig Hochbegabten

M	**Wenig veränderlich ist bei einer Person das Wissen. Dieses entspricht im Großen und Ganzen der...**	1. Klugheit 2. kristallinen Intelligenz 3. fluiden Intelligenz
N	**Geistige Anregungen sowie biologische Einflussgrößen wie Ernährung und Nährstoffzufuhr, Bewegung oder Schlaf wirken sich am stärksten aus auf die...**	1. Klugheit 2. kristalline Intelligenz 3. fluide Intelligenz
O	**Die wichtigste geistige Leistungsgröße für Erfolg in der Wissensgesellschaft (Schule, Beruf und Alltag) ist...**	1. das Gedächtnis 2. die kristalline Intelligenz 3. die fluide Intelligenz
P	**Die wichtigste geistige Leistungsgröße für die Gesundheit und Lebensdauer ist...**	1. das Gedächtnis 2. die kristalline Intelligenz 3. die fluide Intelligenz
Q	**Die Schlüsselgröße für die Wissensgesellschaft ist...**	1. das Gedächtnis 2. die kristalline Intelligenz 3. die fluide Intelligenz
R	**Betrachtet man den Menschen als Informationsverarbeiter, dann ist seine zentrale Größe für die Verarbeitung bewusster Information...**	1. der Arbeitsspeicher 2. das Gedächtnis 3. der Wille
S	**Der Arbeitsspeicher hängt am engsten zusammen mit...**	1. der kristallinen Intelligenz 2. dem Gedächtnis 3. der fluiden Intelligenz

T **Der Arbeitsspeicher ist...**

1. messbar und trainierbar
2. wissenschaftlich weniger durchdacht als Intelligenz
3. nichts anderes als das Gedächtnis im umgangssprachlichen Sinn

U **Der Arbeitsspeicher setzt sich aus den folgenden beiden Komponenten zusammen...**

1. Kurz- und Langzeitgedächtnis
2. Informationsverarbeitungsgeschwindigkeit und Merkspanne
3. falsch; er entspricht nur einer Größe und zwar der Merkspanne

V **Wie schnell Sie die folgenden Buchstaben**
A Z C G M J R T
lesen können, hängt vor allem ab von Ihrer...

1. Merkspanne
2. kristallisierten Intelligenz
3. Informationsverarbeitungsgeschwindigkeit (= IVG)

W **Ein Arbeitsspeichertraining fördert an erster Stelle...**

1. den IQ, speziell den der fluiden Intelligenzleistungen
2. das Gedächtnis
3. die Emotionen

X **Den Arbeitsspeicher einer entspannten Person auf die maximale Größe zu bringen, ...**

1. geht im Bruchteil einer Sekunde
2. dauert drei bis fünf Sekunden
3. dauert einige Minuten

Y **Das Verfahren zur raschen Maximierung des Arbeitsspeichers heißt >MAT<. Das bedeutet ausgeschrieben...**

1. Mentales Aktivierungstraining
2. Maximales Arbeitsspeicher-Training
3. Minimale Aktivierungs-Tauglichkeit

Z **Um Personen im entspannten Zustand anzusprechen, müssen MAT-Übungen...**

1. hohe Anforderungen an die Schnelligkeit stellen
2. leicht beginnen
3. komplex sein

Welche Ihrer Antworten stimmen nun mit denen überein, die wir für die jeweils besten halten? Das können Sie in der folgenden Tabelle vergleichen. Setzen Sie in jeder Zeile ein Kreuz dahinter, wenn Ihre Antwort mit unserer Vorgabe übereinstimmt.

	Beste Antwort	Kreuz, falls gleiche Antwort
A	2	
B	1	
C	3	
D	3	
E	1	
F	2	
G	3	
H	1	
I	2	
J	3	
K	2	
L	1	
M	2	
N	3	
O	3	
P	3	
Q	3	
R	1	
S	3	
T	1	
U	2	
V	3	
W	1	
X	3	
Y	1	
Z	2	
Kreuze gesamt		

Auswertung: Zählen Sie die Kreuze in der letzten Spalte zusammen. Das ergibt die Gesamtpunktzahl. Sie liegt zwischen 0 und 26.

Folgerung: Sie haben nun einen Anhaltspunkt zu Ihrer eigenen Einschätzung, Je höher die Gesamtpunktzahl ist, desto mehr wissen Sie bereits und desto leichter wird es Ihnen fallen, die Texte in diesem Buch zu verstehen. Umso schneller können Sie auch lesen und umso mehr wird bei Ihnen hängen bleiben.

Ein Hinweis: Falls Sie bisher kaum oder nicht mit geistiger Leistungssteigerung, Gehirn-Jogging oder verwandten Methoden zu tun hatten, können Sie die Zeilen X, Y und Z noch nicht adäquat bearbeiten; denn diese Fragen wurden im Buch bis hierhin nicht behandelt. In diesem Fall ist die Gesamtpunktzahl 23 die für Sie erreichbare Höchstpunktzahl.

 Zur Interpretation Ihres eigenen Wissensstandes nachfolgend eine kleine Hilfe:

Bis 9 Punkte	Ihnen ist das Gebiet noch recht fremd. Wenn Sie die Fragen nachher und zusätzlich in den nächsten Tagen erneut zu beantworten versuchen, werden Sie schon mehr Erfolg haben und in eine höhere Gruppe der Gesamtpunktzahlen gelangen.
10 bis 19 Punkte	Soweit es die psychische Seite betrifft, haben Sie schon Wesentliches verstanden. Ihr Grundlagenwissen über geistige Fitness ist jedoch nicht so umfangreich oder gefestigt, dass Sie mit Experten auf Augenhöhe über geistige Fitness kommunizieren können. Schauen Sie sich mal genauer die Stellen an, an denen Sie keine Kreuze haben. Versuchen Sie die Lücken oder Schwächen im Verständnis zu beheben. Dann werden Sie das, was ab hier kommt auch präziser und schneller verstehen, vieles wahrscheinlich sogar für selbstverständlich halten und besser behalten.
20 und mehr Punkte	Ihr Grundlagenwissen hat ein Niveau, auf dem sich anhand Ihrer Gesamtpunktzahl nicht mehr unterscheiden lässt, ob Sie bereits Fortgeschrittener oder Experte in Sachen geistige Fitness sind. Sie verstehen jedenfalls schon einiges auf diesem Gebiet. Das ist eine sehr günstige Voraussetzung für den nun folgenden praktischen Teil.

Wissensquiz: Geistige Fitness & Ernährung

Es ist jeweils nur eine Antwort richtig oder am besten. Bitte diese ankreuzen.

	Frage	Antwortmöglichkeiten
A	**Welche Energiequelle wird von den Gehirnzellen bevorzugt genutzt?**	1. Eiweiß/Protein 2. Fette/Fettsäuren 3. Kohlenhydrate
B	**Wie viele Portionen Gemüse sollten täglich verzehrt werden?**	1. 1 Portion 2. 2 Portionen 3. mindestens 3 Portionen
C	**Das Risiko einer Unterversorgung in Deutschland ist besonders hoch bei**	1. Energie / Kalorien 2. Sekundären Pflanzenstoffen 3. Mineralstoff Natrium
D	**Die empfehlenswerte Trinkmenge für die individuell maximale geistige Leistungsfähigkeit liegt bei**	1. 0,5 bis 1,0 Liter am Tag 2. 1,5 bis 2,5 Litern am Tag 3. mehr als 4 Liter am Tag
E	**Ballaststoffe sind für den Körper**	1. nur unnötiger Ballast 2. wichtig für einen gesunden Darm 3. unwichtig. Sie sollten so wenig wie möglich verzehrt werden
F	**Was ist das Primärziel des ABDD-Modells?**	1. Erhöhung der geistigen Leistungsfähigkeit 2. Zunahme der Muskelmasse 3. Verbesserung der Ausdauerleistung
G	**Wie lange geht das sogenannte Brain-Fitness-Programm?**	1. 5 Tage 2. 5 Wochen 3. 5 Monate
H	**Der Energiestoffwechsel im Gehirn ist gekennzeichnet durch**	1. seine Flexibilität 2. seinen extrem hohen Energieverbrauch 3. seine hohe Energiespeicherkapazität

I	**Sekundäre Pflanzenstoffe sind für den Menschen**	1.	von sekundärer Wichtigkeit, da hauptsächlich die primären Pflanzenstoffe für den Menschen wichtig sind. Daher auch der Name Sekundäre Pflanzenstoffe.
		2.	sehr wichtig und entscheidend an der geistigen Leistungsfähigkeit beteiligt
		3.	unwichtig
J	**Phenole und Carotinoide gehören zu den**	1.	Proteinen
		2.	Sekundären Pflanzenstoffen
		3.	Fettsäuren
K	**Der Begriff Neurotrition beschreibt die Kombination der Wissenschaftsbereiche**	1.	Sport und Ernährung (Nutrition)
		2.	Neurowissenschaften und Sport
		3.	Neuro- und Ernährungswissenschaften (Nutrition)
L	**Glukose ist der Fachbegriff für**	1.	Fruchtzucker
		2.	Traubenzucker
		3.	Milchzucker
M	**Eine Low-Carb Diät führt zu**	1.	geistiger Leistungssteigerung
		2.	geistigen Leistungseinbrüchen
		3.	gleichbleibend hoher geistiger Leistungsfähigkeit
N	**Wie viel Körpermasse nimmt das menschliche Gehirn ein?**	1.	2%
		2.	3%
		3.	4%
O	**Der Energieverbrauch des Gehirns beträgt wie viel Prozent des gesamten Energieumsatzes des Tages?**	1.	10%
		2.	20%
		3.	40%
P	**Die wichtigsten Fettsäuren für den Gehirnstoffwechsel sind die**	1.	gesättigten Fettsäuren
		2.	einfach ungesättigten Fettsäuren
		3.	mehrfach ungesättigten Fettsäuren (DHA/Omega-3-Fettsäuren)

Q	**Der Glykämische Index (GI) beschreibt den Einfluss des Lebensmittels auf den**	1. 2. 3.	Triglyceridspiegel im Blut Blutglukosespiegel Hämoglobinspiegel im Blut
R	**Ohne Zufuhr ist der Glykogenvorrat der Leber aufgebraucht in**	1. 2. 3.	6-12 Stunden 12-18 Stunden 18-24 Stunden
S	**Vielfachzucker bezeichnet man auch als**	1. 2. 3.	Polysaccharid Oligosaccharid Disaccharid
T	**Die Zufuhrempfehlungen von Calcium und Magnesium weisen ein Verhältnis auf von**	1. 2. 3.	1 : 1 2 : 1 10 : 1
U	**Kreatin bzw. Kreatinphosphat wird u.a. für eine hohe Kreativität benötigt. Kreatin ist enthalten in**	1. 2. 3.	Fisch und Fleisch Gemüse Obst
V	**Tyrosinreiche Lebensmittel haben einen Einfluss auf die**	1. 2. 3.	Dopaminproduktion Insulinproduktion Fettsäurenproduktion
W	**Welche Vitamingruppe ist besonders wichtig für eine hohe geistige Leistungsfähigkeit?**	1. 2. 3.	Vitamin A Vitamin B Vitamin C
X	**Welche dieser Ernährungsformen hat das höchste Risiko eines Eisenmangels?**	1. 2. 3.	Vegane Ernährung Ketogene Ernährung Low-Carb Ernährung
Y	**Der Neurobotenstoff Dopamin wird im Körper gebildet aus**	1. 2. 3.	Fettsäuren und Kohlenhydraten L-Dopa und Tyrosin Laktat und Ketonkörpern
Z	**Im Vergleich zum Lebensstil unserer Großeltern mit einem hohen Anteil körperlicher Arbeit benötigt unser heutiger Lebensstil mit mehr geistiger Aktivität durchschnittlich**	1. 2. 3.	mehr Kalorien weniger Kalorien gleich viel / gleich wenig Kalorien

Welche Ihrer Antworten stimmen nun mit deren überein, die wir für die jeweils besten halten? Das können Sie in der folgenden Tabelle vergleichen.

	Beste Antwort	Kreuz, falls gleiche Antwort
A	**3**	
B	**3**	
C	**2**	
D	**2**	
E	**2**	
F	**1**	
G	**1**	
H	**2**	
I	**2**	
J	**2**	
K	**3**	
L	**2**	
M	**2**	
N	**1**	
O	**2**	
P	**3**	
Q	**2**	
R	**2**	
S	**1**	
T	**2**	
U	**1**	
V	**1**	
W	**2**	
X	**1**	
Y	**2**	
Z	**2**	
Kreuze gesamt		

Auswertung: Zählen Sie die Kreuze in der letzten Spalte zusammen. Das ergibt die Gesamtpunktzahl. Sie liegt zwischen 0 und 26.

Folgerung: Sie haben nun einen Anhaltspunkt zu Ihrer eigenen Einschätzung. Je höher die Gesamtpunktzahl ist, desto mehr wissen Sie bereits über den Zusammenhang zwischen Ernährung und geistiger Fitness, desto leichter wird es Ihnen fallen, die Texte zum Thema Ernährung in diesem Buch zu verstehen. Und umso schneller können Sie auch lesen und trotzdem die Zusammenhänge verstehen und anwenden.

Ein Hinweis: Falls Sie sich bisher kaum oder nicht sehr intensiv mit dem Thema Ernährung und geistiger Leistungsfähigkeit oder geistiger Leistungssteigerung beschäftigt haben, können Sie manche Fragen noch nicht adäquat bearbeiten. Dennoch ist dieses Wissens-Quiz auch für Sie eine große Hilfe. Denn jetzt wissen Sie, was Sie beim Lesen des Buches besonders interessieren sollte und was im Zusammenhang von Ernährung und geistiger Leistungsfähigkeit besonders wichtig ist.

 Zur Interpretation Ihres eigenen Wissensstandes nachfolgend eine kleine Hilfe:

Bis 9 Punkte	Ihnen ist das Gebiet noch recht fremd. Wenn Sie die Fragen nachher und zusätzlich in den nächsten Tagen erneut zu beantworten versuchen, werden Sie schon mehr Erfolg haben und in eine höhere Gruppe der Gesamtpunktzahlen gelangen.
10 bis 19 Punkte	Soweit es das Thema Ernährung betrifft, haben Sie schon Wesentliches verstanden. Ihr Grundlagenwissen über Ernährung und geistige Fitness ist jedoch noch nicht so umfangreich oder gefestigt, dass Sie mit Experten auf Augenhöhe über Ernährung und geistige Fitness kommunizieren können. Schauen Sie sich mal genauer die Stellen an, an denen Sie keine Kreuze haben. Versuchen Sie die Lücken oder Schwächen im Verständnis zu beheben. Dann werden Sie das, was ab hier kommt auch präziser und schneller verstehen, vieles wahrscheinlich sogar für selbstverständlich halten und besser behalten.
20 und mehr Punkte	Ihr Grundlagenwissen hat ein sehr hohes, weit über dem Durchschnitt liegendes Niveau, auf dem sich anhand Ihrer Gesamtpunktzahl nicht mehr unterscheiden lässt, ob Sie bereits Fortgeschrittener oder Experte in Sachen Ernährung und geistige Fitness sind. Sie verstehen schon sehr viel auf diesem Gebiet. Das ist eine sehr günstige Voraussetzung für den nun folgenden Teil.

Interview

Elisabeth Pähtz

Europameisterin im Schnellschach

Das Interview führte Katharina Kloster, Ernährungswissenschaftlerin und freie Mitarbeiterin am Deutschen Institut für Sporternährung e.V.

MIT CLEVERER ERNÄHRUNG ZU SCHACHLICHEM ERFOLG

Schach erlebt in Deutschland seit ein paar Jahren einen rasanten Höhenflug. So war im Frühjahr 2018 Berlin der Schauplatz eines der spannendsten Kandidatenturniere der letzten Jahrzehnte, der 13-jährige Vincent Keymer gewinnt das Grenke Open 2018 und Elisabeth Pähtz wird nach dem Gewinn der WM-Bronze im Dezember 2017 in Saudi-Arabien im April 2018 in Tiflis Europameisterin im Schnellschach und Vize-Europameisterin im Blitzschach.

Blitzschach ist eine besondere Form des Schachspiels, bei welcher jedem Spieler für die gesamte Partie eine Bedenkzeit von fünf Minuten zur Verfügung steht. Überschreitet ein Spieler die Bedenkzeit, verliert er die Partie. Beim Rapid-Schach hat jeder Spieler eine Bedenkzeit von 15 Minuten.
Das Gehirn ist für Schachspieler zweifelsfrei eines der wichtigsten Organe. Ob im Amateur- oder Profi-Bereich, für den Schachsport gilt: Wer clever isst, kann länger geistig fit bleiben, kombinieren und somit während eines Turnieres oder einer mehrstündigen Partie den entscheidenden Zug oder Kombination machen. Das beweist Elisabeth Pähtz, die Nummer 1 im deutschen Profi-Schachsport. Im Interview gibt uns Frau Pähtz Einblicke in ihre Spiel- und Ernährungspraxis. Sie verrät uns, wie Sie es schafft, über mehrere Stunden mit höchster Konzentration erfolgreich Schach zu spielen.

Frau Pähtz, Sie sind seit langer Zeit unangefochten die beste deutsche Schachspielerin und international unter den Top 20. Was sind Ihre sportlichen Ziele für die nächsten Jahre?

Elisabeth Pähtz: Vor kurzem ist bereits ein großes Ziel in Erfüllung gegangen; der Gewinn der Silber- und Goldmedaille bei den Europameisterschaften in Tiflis (Georgien). Natürlich ist der Aufstieg in die Top 10 der internationalen Schachspielerinnen auch ein langfristiges Ziel für mich.

Können Sie in Deutschland vom Schach leben und wie sieht Ihre Zukunft in 20 Jahren aus?

Elisabeth Pähtz: Ja, ich bin Vollprofi! Zusätzlich kommen noch kleinere Aufträge für eine amerikanische Schachzeitschrift hinzu. Davon kann man insgesamt gut leben. Reich wird man jedoch nicht. Nach Beendigung meiner Profi-Karriere würde ich gerne junge Talente fördern und im Schachtraining verstärkt aktiv werden.

Wie sind Sie zum Schachspiel gekommen und gibt es eine Erklärung, warum sich relativ wenige Frauen/Mädchen für das Schachspiel begeistern können?

Elisabeth Pähtz: Mein Vater war DDR-Meister und hat mich und meinen Bruder immer auf Turniere mitgenommen. Da kam eins zum anderen und so bin ich dann letztendlich zum Profischach gekommen. Ich denke, dass Schach einfach eher ein Sport für Jungen ist. Mädchen interessieren sich normalerweise eher weniger für solche Strategiespiele. Jedoch nimmt in den vergangenen Jahren die Zahl der Mädchen, die leistungsorientiert Schach spielen besonders in Deutschland zu.

Immer mehr Sportler verfolgen eine spezielle Ernährungsweise. Sei es vegan, vegetarisch oder low-carb. Finden Sie sich darin wieder?

Elisabeth Pähtz: Nein, ich verfolge keine spezielle Ernährung. Bei einem Turnier achte ich natürlich schon darauf, was ich esse und trinke. Für mich ist es wichtig, dass ich vor und während einer Partie nicht zu nervös werde und dass ich die innere Balance behalte und bei Laune bleibe. Strenge Diät-Regeln befolge ich nicht, und es darf dann auch schon mal der Schokoriegel oder das Glas Wein nach dem Spiel sein. Doch jede Spielerin / jeder Spieler agiert da etwas anders.

Wie bereiten Sie sich ernährungstechnisch auf eine Partie vor? Haben Sie spezielle Rituale?

Elisabeth Pähtz: Ernährungsrituale während eines Spieles gibt es bei mir nicht wirklich. Ich achte jedoch darauf, dass ich meine Hauptmahlzeit anderthalb bis zwei Stunden vor Spielbeginn einnehme. Das gibt mir die nötige Energie für die Partie.

Ein Turniertag dauert oft mehrere Stunden, an dem mehrere Partien gespielt werden. Wie schaffen Sie es, über den gesamten Turniertag, für mehrere Partien an einem Tag geistig fit zu bleiben?

Elisabeth Pähtz: Da ist nicht immer einfach. Vor kurzem habe ich sieben Stunden gespielt; und nach etwa vier Stunden kam ein kleines Tief. In diesen Situationen hilft mir eine Handvoll Studentenfutter, also eine Mischung aus Nüssen und Trockenfrüchten. Viele Spieler essen in solchen Situation auch eine Banane. Ein wirkliches Geheimrezept habe ich jedoch nicht. Grundsätzlich gilt für mich: Je besser meine Ernährung an den Vortagen war, desto unabhängiger bin ich während der Partie. Und vor und nach den Spielen achte ich besonders darauf, dass ich ausreichend Gemüse und Obst esse.

Was trinken Sie typischerweise während des Spiels?

Elisabeth Pähtz: Meistens mineralstoffhaltiges Mineralwasser und Latte Macchiato. Wenn ich merke, dass ich etwas mehr Energie brauche, greife ich auch auf zuckerreiche Erfrischungsgetränke zurück, wie zum Beispiel eine Cola oder eine Obstsaftschorle.

Viele Spielerinnen und Spieler trinken wegen der anregenden Wirkung des Koffeins viel Kaffee während der Partie.

Elisabeth Pähtz: Ja, das stimmt. Auch ich greife ab und zu darauf zurück. Es gibt Spieler, die trinken bis zu 10 Tassen Kaffee. Mein Kreislauf verträgt jedoch nicht mehr als drei Tassen schwarzen Kaffee.

Nicht nur beim Schach spielt die Ernährung eine große Rolle. Dem Gemüse- und Obstkonsum und somit den Sekundären Pflanzenstoffen fällt hinsichtlich der geistigen Leistungsfähigkeit dabei eine Schlüsselfunktion zu. Schaffen Sie regelmäßig die empfohlenen fünf Portionen Gemüse und Obst am Tag?

Elisabeth Pähtz: Nein, nicht wirklich. Ich denke, mein Gemüse- und Obstkonsum liegt eher etwas drunter Es kommt jedoch auch darauf an, wo ich gerade ein Turnier spiele oder in welcher Trainingseinheit ich mich gerade befinde. Es gibt Phasen, da bereite ich mir täglich frisches Gemüse zu oder einen frischen Obstsaft. Immer dabei sind Beerenobst und Karotten. Mein Lieblingsgemüse ist übrigens die Aubergine.

Wie sieht es mit der sportlichen Betätigung neben dem Schach aus?

Elisabeth Pähtz: Bewegung ist neben der Ernährung ein wichtiger Grundbaustein für eine langanhaltende Konzentrationsfähigkeit. Ich versuche meistens abends nach einem Turnier noch etwas Ausdauertraining auf dem Laufband oder Crosstrainer zu treiben. Manchmal gehe ich auch vor einer Partie joggen, um den Kopf frei zu bekommen. Ob ich vor einer Partie Sport mache, ist auch davon abhängig, um welche Tages- bzw. Uhrzeit der Spielbeginn angesetzt ist. Denn noch wichtiger als Bewegung ist für mich ausreichend Schlaf. Da brauche ich schon einmal bis zu 10 Stunden Schlaf am Tag.

CLEVERE ERNÄHRUNG FÜR MAXIMALE KONZENTRATION

Immer mehr Schachspielerinnen und -spieler achten auf eine gehirngerechte Ernährung. Dabei steht während eines Turniertages oder während einer Partie die Bekömmlichkeit an erster Stelle. Ungewohnte Speisen und Getränke werden gemieden, kohlenhydratreiche und leichtverdauliche Speisen und Getränke bevorzugt. Das Frühstück ist dabei für viele Schachspieler die wichtigste Mahlzeit. Müsli mit Obst, Smoothie oder Porridge mit Obstsalat sind die Favoriten. Die empfohlenen fünf Portionen Gemüse und Obst täglich werden auch von erfahrenen Schachspielern selten erreicht. Hier bietet sich der Einsatz eines naturnahen Vitalstoffkonzentrates wie beispielsweise Vitalkomplex Dr. Wolz zur Sicherung der wünschenswerten Zufuhr an Sekundären Pflanzenstoffen an.

Das IQ-Programm - In 7-Tagen zu einem messbar höheren IQ

1.
Das IQplus Ernährungsprogramm

Geben Sie Ihrer Intelligenz Nahrung:
Rezeptentwicklung von

Lara Keul

Ausführlicher, praxisnaher Rezeptteil

***

10 Vorschläge für ein cleveres Frühstück

Denkmuskel-Müsli

(1 Person)

1	kleiner Apfel
1	kleine Birne
1	kleine Banane
30 g	gemischtes Müsli
30 g	Haferflocken, zart
1 TL	Sesam
1 Tasse	Dickmilch
	Zitronensaft
1	Ampulle Sanuzella® ZYM sportsline

Zubereitung:
Klein geschnittenes Obst mit Getreideflocken mischen. Dickmilch mit Sanuzella® ZYM mischen. Über Obst gießen. Mit Zitronensaft abschmecken.

Energie: 570 kcal/ Portion

Reich an: Kohlenhydraten, Vitamin E, Vitamin B1, Vitamin B2, Niacin, Pantothensäure, Vitamin B6, Biotin, Folsäure, Vitamin B12, Vitamin C, Kalium, Calcium, Phosphor, Magnesium, Eisen, Zink, Kupfer, Mangan, Ballaststoffen, Dopamin +

Leistungs-Müsli

(2 Personen)

3 EL	Weizenkörner
1	hartgekochtes Ei
1 Prise	Jodsalz
etwas	schwarzer Pfeffer
1 EL	gehackter Dill
1 EL	Kapern
1 EL	Weizensprossen
3	Scheiben Räucherlachs
1	Zweig Dill zum Garnieren

Zubereitung:
Den Weizen mit 100 ml Wasser in einen kleinen Topf geben, etwa 20-30 Minuten garen, dann abkühlen lassen. Das Ei pellen und hacken. Den Weizen mit dem Ei mischen und mit Jodsalz und Pfeffer abschmecken. Anschließend Dill, Kapern und Weizensprossen unterheben. Das Müsli auf einem Dessertteller anrichten. Den Lachs in Würfel schneiden und das Müsli mit den Lachswürfeln und einem Dillzweig garnieren.

Energie: 410 kcal/ Portion

Reich an: Eiweiß, Vitamin E, Vitamin B1, Vitamin B2, Niacin, Pantothensäure, Vitamin B6, Biotin, Folsäure, Vitamin B12, Vitamin C, Kalium, Magnesium, Phosphor, Eisen, Zink, Kupfer, Mangan, Jod, Dopamin +

Frucht-Genie

(2 Personen)

2	Kiwis
1	Banane
1	Apfel
100 g	Erdbeeren
2	Orangen
2 TL	Honig
4 EL	Vollmilchjoghurt
2 EL	gehackte Walnüsse
20 ml	Vitalkomplex Dr. Wolz

Zubereitung:

Die Kiwis und die Banane schälen, den Apfel waschen und vom Kerngehäuse befreien. Die Erdbeeren waschen, die Stielansätze entfernen und das Obst in gleich große Stücke schneiden.
Die Orange sorgfältig schälen, dabei die weiße Haut vollständig entfernen. Dann die Orangenfilets aus den Zwischenhäuten herausschneiden und eventuell halbieren. Den austretenden Saft auffangen und mit dem Honig verrühren. Das Obst in eine Schüssel geben und mit der Orangen-Honig-Sauce und dem Vitalkomplex begießen. Den Joghurt auf den Obstsalat geben und alles mit den gehackten Walnüssen bestreuen.

Energie: 350 kcal/ Portion

Reich an: Vitamin E, Vitamin B1, Vitamin B2, Niacin, Pantothensäure, Vitamin B6, Biotin, Folsäure, Vitamin C Kalium, Calcium, Magnesium, Phosphor, Kupfer, Mangan, Omega-3-Fettsäuren

Quiz-Master

(2 Personen)

1	Bund Petersilie
1	Bund Schnittlauch
2	Eier
4 EL	Vollmilch
etwas	Jodsalz
etwas	schwarzer Pfeffer aus der Mühle
2 TL	Butter
10-12	Kirschtomaten
4	Scheiben Vollkornbrot
	Schnittlauchröllchen zum Garnieren

Zubereitung:

Die Petersilie fein hacken, den Schnittlauch in feine Röllchen schneiden. Die Eier mit der Milch verquirlen, mit den Kräutern, Salz und Pfeffer würzen. Die Butter in einer beschichteten Pfanne schmelzen lassen, die Eimasse hineingießen und langsam unter Rühren bei milder Hitze stocken lassen. Die Tomaten waschen, halbieren und die Stielansätze entfernen. Die Tomaten kurz vor Ende der Garzeit mit in die Pfanne geben und nur erwärmen. Die Brotscheiben diagonal durchschneiden und fächerartig auf einen Teller legen. Das Rührei darauf anrichten und alles mit den Schnittlauchröllchen bestreuen.

Energie: 340 kcal/ Portion

Reich an: Eiweiß, Vitamin E, Vitamin B1, Vitamin B2, Niacin, Pantothensäure, Vitamin B6, Biotin, Folsäure, Vitamin B12, Vitamin C, Kalium, Calcium, Magnesium, Phosphor, Eisen, Zink, Kupfer, Mangan, Jod, Ballaststoffen Dopamin +

Galileo-Müsli

(2 Personen)

4 EL	Weizenschrot
	Buttermilch oder Wasser
½	Banane
1	Apfel (oder anderes Obst)
½ Becher	Dickmilch oder Joghurt
2 TL	ungeschwefelte Rosinen
2 TL	Sanddornsaft
2 TL	Leinsamen oder Nüsse
1 EL	Mandeln
	Honig nach Geschmack

Zubereitung

Weizenschrot in einer Schüssel mit Buttermilch oder Wasser über Nacht einweichen. Obst schälen und in Stücke schneiden. Mit Dickmilch oder Joghurt, Rosinen, Sanddornsaft und dem eingeweichten Schrot mischen. Das Müsli mit Leinsamen oder Nüssen bestreuen, mit Früchten garnieren, eventuell mit Honig süßen.

Energie: 350 kcal/ Portion

Reich an: Kohlenhydraten, Vitamin E, Vitamin B1, Vitamin B2, Niacin, Pantothensäure, Vitamin B6, Biotin, Folsäure, Vitamin B12, Vitamin C, Kalium, Calcium, Magnesium, Phosphor, Mangan, Eisen, Zink, Kupfer, Omega-3-Fettsäuren

Quarkiges Know-How

(2 Personen)

1	Banane
125 g	Quark
50 ml	Kokosmilch
1 EL	Agavendicksaft
2,5 EL	Kokosraspel

Zubereitung:
Banane schälen und mit der Gabel zerdrücken. Quark, Kokosmilch, Agavendicksaft und Banane verrühren. Die Kokosraspel unter den Quark mengen.
Tipp: Dazu passen frische Himbeeren, Erdbeeren oder andere Früchte der Saison.

Energie: 270 kcal/ Portion

Reich an: Fett, Vitamin B2, Vitamin B6, Folsäure, Biotin, Kalium, Phosphor, Kupfer

 **Vegane Variante:**
Verwenden Sie Seidentofu als Ersatz für den Quark.

Knuspriges Warm-Up

(2 Personen)

3,5 EL	Haferflocken
3 EL	ganze geschälte Mandeln
1,5 EL	Sonnenblumenkerne
1,5 EL	Sesam
	Jodsalz
1 TL	Sonnenblumenöl
75 g	Rosinen
5	Datteln
1 TL	Honig
	abgeriebene Schale einer Orange
	Joghurt oder Milch nach Geschmack

Zubereitung:
Haferflocken, Mandeln, Sonnenblumenkerne und Sesam mit Jodsalz und Sonnenblumenöl gut vermischen und auf einem Backblech im vorgeheizten Backofen ca. 15 Minuten rösten, dann abkühlen lassen. In einer Schüssel Rosinen, gehackte Datteln, Honig und Orangenschale mischen, die Haferflockenmasse zu den Trockenfrüchten geben. Zum Servieren portionieren und mit Joghurt oder Milch anrichten.

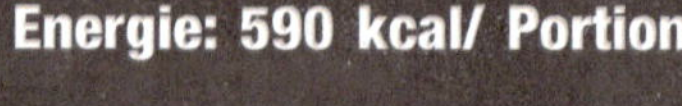

Energie: 590 kcal/ Portion

Reich an: Fett, Vitamin E, Vitamin B1, Vitamin B2, Niacin, Pantothensäure, Vitamin B6, Folsäure, Biotin, Vitamin B12, Kalium, Calcium, Magnesium, Phosphor, Eisen, Zink, Kupfer, Mangan, Jod, Ballaststoffen

Wissens-Brötchen

(8 Brötchen)

100 g	Grünkern
40 g	Hefe
1 TL	Honig
¼ L	Wasser
250 g	Vollkornmehl
100 g	Möhren
1 TL	Jodsalz
1	Ampulle Sanuzella® ZYM sportsline

Zubereitung:
Grünkern über Nacht einweichen, abspülen. Hefe mit Honig in lauwarmem Wasser auflösen. Mit Grünkern und Weizenvollkornmehl verrühren. Die geriebenen Möhren unterziehen und mit Jodsalz würzen. Durchkneten und 45 Minuten zugedeckt gehen lassen. In 8 Teile schneiden, Brötchen formen und auf einem bemehlten Backblech 10 Minuten gehen lassen. Oberfläche einritzen. Bei 200°C etwa 20 Minuten backen.

Energie: 160 kcal pro Brötchen

Reich an: Kohlenhydraten, Vitamin B1, Vitamin B2, Niacin, Pantothensäure, Vitamin B6, Folsäure, Biotin, Kalium, Magnesium, Phosphor, Eisen, Zink, Kupfer, Mangan

Frei von Laktose

i | **Tipp:** Der Honig kann gegen Agavendicksaft ausgetauscht werden.

Schlaue Pancakes

(2 Personen)

100 g	Weizenvollkornmehl
½ TL	Weinsteinbackpulver
75 ml	Milch
75 ml	Kokosmilch
1 EL	Kokosblütensirup
1	Banane
1 EL	Kokosraspeln
	Kokosöl zum Backen
2 EL	Schokoladenaufstrich

Zubereitung:
Für die Pancakes Weizenvollkornmehl, Backpulver, Milch, Kokosmilch und Kokosblütensirup mit dem Pürierstab zu einem glatten Teig mixen. Banane schälen und in Scheiben schneiden. Kokosraspel in einer Pfanne ohne Fett rösten. Kokosöl in einer Pfanne erhitzen. Nach und nach aus dem Teig Pancakes backen. Dafür pro Pancake einen Esslöffel Teig in die Pfanne geben. Die fertigen Pancakes mit Schokoladenaufstrich bestreichen und mit Bananenscheiben belegen. Mit gerösteten Kokosraspeln bestreut servieren.

Energie: 390 kcal/ Portion

Reich an: Kohlenhydraten, Fett, Vitamin B1, Vitamin B2, Niacin, Pantothensäure, Vitamin B6, Folsäure, Biotin, Kalium, Magnesium, Phosphor, Eisen, Zink, Kupfer, Mangan

Pfiffiger Vollkorntoast

(2 Personen)

100 g	Quark
2 EL	Milch
20 g	Walnüsse
1,5	Bananen
4	Scheiben Vollkorntoast
½ EL	Kokosraspel
1,5 EL	Kokosblütensirup

Zubereitung:
Quark mit der Milch glatt rühren. Wallnusskerne grob hacken. Banane schälen und in Scheiben schneiden. Vollkorntoast goldbraun toasten. Kokosraspeln in einer kleinen Pfanne ohne Fett rösten.
Kokosblütensirup in einer Pfanne erhitzen, Bananenscheiben dazugeben und karamellisieren lassen. Walnusskerne ebenfalls zugeben. Quark auf die Toastscheiben verteilen und glatt streichen. Karamellisierte Bananenscheiben und Walnusskerne ebenfalls darauf verteilen.
Geröstete Kokosraspel zum Schluss darüber streuen.

Energie: 440 kcal/ Portion

Reich an: Kohlenhydraten, Vitamin E, Vitamin B1, Vitamin B2, Niacin, Pantothensäure, Vitamin B6, Folsäure, Biotin, Vitamin B12, Kalium, Magnesium, Phosphor, Eisen, Zink, Kupfer, Mangan, Ballaststoffen
Dopamin +

Durchdachte Starthilfe

(2 Personen)

4 EL	Cremequark (0,2% Fett)
	etwas Jodsalz
	etwas schwarzer Pfeffer
2 Msp.	Paprikapulver
1 EL	frisch gehackte Kräuter z.B. Schnittlauch, Petersilie, Dill
1	rote Paprikaschote
2	Roggenvollkornbrötchen
2 TL	Butter
60 g	Putenaufschnitt

Zubereitung:
Den Quark mit Salz, Pfeffer, Paprikapulver und den Kräutern verrühren. Die Paprikaschote waschen, putzen und in Streifen schneiden.
Das Brötchen quer halbieren. Die eine Hälfte mit dem Kräuterquark bestreichen. Die zweite Hälfte mit Butter bestreichen und mit dem Putenaufschnitt belegen. Die Brötchenhälften mit den Paprikastreifen auf einem Dessertteller anrichten.

i | **Tipp:** Für Vegetarier eignet sich natürlich auch fettarmer Scheibenkäse.

Energie: 220 kcal/ Portion

Reich an: Eiweiß, Niacin, Folsäure, Vitamin C, Kalium, Magnesium, Phosphor, Eisen, Kupfer, Mangan, Jod

Gehirn-Treibstoff

(2 Personen)

2	Scheiben Roggenvollkornbrot
2 TL	Margarine
4 EL	körniger Frischkäse oder Hüttenkäse
4	Tomaten
	Jodsalz
	etwas schwarzer Pfeffer
1 Bund	Schnittlauch

Zubereitung:

Das Brot mit der Margarine bestreichen und den Frischkäse darauf verteilen. Die Tomaten waschen, den Stielansatz entfernen, in Scheiben schneiden, mit Salz und Pfeffer würzen und das Brot damit belegen. Den Schnittlauch in feine Röllchen schneiden und über das Brot streuen.

Energie: 190 kcal/ Portion

Reich an: Vitamin B1, Vitamin B2, Niacin, Vitamin B6, Folsäure, Biotin, Vitamin B12, Vitamin C, Kalium, Magnesium, Phosphor, Kupfer, Mangan, Jod

20 schlaue Zwischenmahlzeiten

incl. Mix-Getränken,
Riegeln & Co

Blitzgescheit

250 ml Mangosaft
1 kleiner Apfel
1 Banane
10 Blatt Minze
20 g Spinat, alternativ Basilikum
1 Ampulle Sanuzella® ZYM sportsline oder 20ml Vitalkomplex Dr. Wolz

Zubereitung:
Apfel und Banane in kleine Stücke schneiden und mit Mangosaft, Minze, Spinat und 1 Ampulle Sanuzella® ZYM oder 20 ml Vitalkomplex Dr. Wolz in den Mixer geben und alles pürieren.

Energie: 180 kcal/ Portion

Reich an: Kohlenhydraten, Vitamin E, Vitamin B6, Folsäure, Biotin, Vitamin C, Kalium, Kupfer, Mangan

Frei von Laktose

Gedächtnis-Trunk

(für ca. 0,75 Liter Getränk)

200 g rote oder schwarze Beeren der Saison (z.B. Erd-, Johannis-, Brom-, Heidel- oder Himbeeren, ersatzweise Tiefkühl-Beerenmix)
¼ l mineralstoffreiches Mineralwasser mit einem Calcium-Magnesium Verhältnis von 2:1
¼ L Traubensaft
1 Ampulle Sanuzella® ZYM sportsline oder Vitalkomplex
Prise Jodsalz

Zubereitung:
Beeren pürieren, mit Mineralwasser und Traubensaft auffüllen. Sanuzella® ZYM und Jodsalz unterrühren.

Energie: 120 kcal/ Portion

Reich an: Kohlenhydraten, Folsäure, Vitamin C, Kalium, Mangan, Jod

Frei von Laktose

Schietwetter-Shake

(insbesondere zu empfehlen bei Infektionsgefahr als Ergänzung zu fester Nahrung)

150 ml Maracujasaft
50 ml Ananassaft
1 Ampulle Sanuzella® ZYM sportsline

Zubereitung:
Säfte mischen und Sanuzella® ZYM sportsline unterrühren. Kühl servieren.

Energie: 100 kcal/ Portion

Reich an: Kohlenhydraten, Vitamin B6, Vitamin C, Kalium, Kupfer, Mangan

Frei von Laktose

Affen-Stark

250 ml Buttermilch
6 g Kakaopulver
1 Banane
1 Ampulle Sanuzella® ZYM sportsline

Zubereitung:
Buttermilch, Kakaopulver und die geschälte Banane in einem Mixer pürieren. Anschließend Sanuzella® ZYM sportsline unterrühren.

Energie: 240 kcal/ Portion

Reich an: Kohlenhydraten, Vitamin B2, Niacin, Pantothensäure, Vitamin B6, Folsäure, Biotin, Vitamin C, Kalium, Calcium, Magnesium, Phosphor, Eisen, Zink, Kupfer, Mangan

Wissens-Elixier

100 ml Kirschsaft
½ Banane
1 EL Birnendicksaft
100 ml Apfelsaft
100 ml mineralstoffreiches Mineralwasser mit einem Calcium-Magnesium Verhältnis von 2:1

Zubereitung:
Kirschsaft, Banane, Birnendicksaft und Apfelsaft gut durchmixen. Mit Mineralwasser auffüllen und sofort servieren.

Energie: 220 kcal/ Portion

Reich an: Kohlenhydraten, Vitamin B6, Folsäure, Vitamin C, Kalium, Magnesium, Mangan

Frei von Laktose

Wissens-Durst

100 ml Karottensaft
100 ml Orangensaft
1 EL Birnendicksaft
1 TL Zitronensaft
etwas frisch geriebener Ingwer
100 ml mineralstoffreiches Mineralwasser mit einem Calcium-Magnesium Verhältnis von 2:1
gehackte Minze
1 Ampulle Sanuzella® ZYM oder eine Portion Vitalkomplex

Zubereitung:
Karottensaft, Orangensaft, Birnendicksaft, Zitronensaft, Sanuzella® / Vitalkomplex und Ingwer im Mixer aufschlagen. In ein Glas geben und mit Mineralwasser auffüllen. Mit gehackter Minze garnieren.

Energie: 120 kcal/ Portion

Reich an: Kohlenhydraten, Vitamin B6, Folsäure, Vitamin C, Kalium, Kupfer

Frei von Laktose

Scharfsinnig

2 EL	Magerquark
200 g	Himbeeren
100 ml	Buttermilch
100 ml	Milch (1,5 % Fett)
4 TL	Honig
	Vitalkomplex Dr. Wolz

Zubereitung:
Alle Zutaten in eine Schüssel geben und mit dem Stabmixer pürieren und mit Honig süßen. Im Glas servieren.

Energie: 240 kcal/ Portion

Reich an: Eiweiß, Vitamin B2, Niacin, Pantothensäure, Vitamin B6, Folsäure, Biotin, Vitamin B12, Vitamin C, Kalium, Calcium, Magnesium, Phosphor, Eisen, Zink, Kupfer, Mangan, Jod, Ballaststoffen Dopamin +

Gute Laune Brötchen

(12 Stück)

300 g	Weizenvollkornmehl
250 g	Magerquark
4 EL	Milch
4 EL	Öl
1 Pck.	Backpulver
75 g	Zucker
100 g	Zartbitterschokostreusel
1	Ei

Zubereitung:
Alle Zutaten zu einem Teig mit dem Rührgerät verkneten.
Aus dem Teig 12 mittelgroße Kugeln mit den Händen formen und auf ein mit Backpapier ausgelegtes Backblech verteilen. Die Brötchen kommen in den vorgeheizten Backofen bei 175°C für 20 Minuten.

Energie: 190 kcal/ Portion

Reich an: Vitamin E, Niacin, Phosphor, Eisen, Kupfer, Mangan.

Brain-Taler

(20 Stück)

90 g	Haferflocken
30 g	Sonnenblumenkerne
20 g	gehackte Nüsse
30 g	Rosinen
30 g	Trockenobst
40 g	Weizenvollkornmehl
1 Prise	Jodsalz
1 Msp.	Zimt
2	kleine Eier
100 g	Honig
30	Oblaten

Zubereitung:
Haferflocken, Sonnenblumenkerne und Nüsse bei großer Hitze in einer Pfanne ohne Fett rösten, bis die Müslimischung knusprig wird. Abkühlen lassen. Die übrigen Zutaten, mit Ausnahme der Oblaten, in einer großen Schüssel mit der Müslimischung gut vermischen. Die entstandene pastenförmige Mischung etwa 1 cm dick auf die Oblaten verteilen. Dies gelingt am besten, wenn die Müslimischung mit einem Esslöffel entnommen und mit Hilfe eines Messers auf die Oblaten aufgetragen wird. Ca. 18-20 Minuten bei 170°C mit Umluft backen. Die Müslitaler halten sich einige Tage in einer gut schließenden Blechdose. Kühl und trocken lagern.

Energie: 160 kcal pro 2 Taler

Reich an: Kohlenhydraten, Vitamin B1, Biotin, Phosphor, Mangan

Frei von Laktose

Müsliriegel „Margit“

(20 Riegel)

50 g	Haselnüsse
100 g	Feigen
100 g	Datteln
1-2	Äpfel
150 g	Vollkornhaferflocken
150 g	Weizenvollkornmehl
250 ml	Wasser
5 EL	Sonnenblumenöl
50 g	Sonnenblumenkerne
100 g	Rosinen
1 EL	Honig
1 Prise	Vanillepulver
1 TL	Zimt
1 EL	Gomasio (Sesamsalz)

Zubereitung:

Haselnüsse hacken, Feigen und Datteln klein schneiden, Äpfel grob raspeln. Haferflocken und Mehl in eine Schüssel geben, Wasser und Öl unterrühren. Mit Nüssen, Sonnenblumenkernen, Obst und Trockenfrüchten vermischen, mit Honig, Vanille, Zimt und Sesamsalz abschmecken. Alle Zutaten gut zu einem Teig verkneten. Auf einem gefetteten Backblech gleichmäßig verteilen und glatt streichen. Bei 180°C 30-40 Minuten backen, noch warm in Riegel schneiden.

Energie: 150 kcal/ Portion

Reich an: Fett, Vitamin E, Kupfer, Mangan

Frei von Laktose

Müsli-Riegel „Rätselkönig“

(10 Riegel)

1	Banane
100 g	Trockenpflaumen
100 g	Trockenaprikosen
50 g	Haferflocken
30 g	Sonnenblumenkerne
20 g	Leinsamen
3	Eiweiß
1 EL	Ahornsirup

Zubereitung:
Sämtliche Zutaten, außer Eiweiß und Ahornsirup, durch den Fleischwolf geben oder sehr fein hacken. Mit dem Ahornsirup abschmecken und steif geschlagenes Eiweiß unterheben. Mit dem Spritzbeutel (Lochtüte) auf ein mit Backpapier ausgelegtes Backblech ca. 5 cm lange Stränge spritzen. Im vorgeheizten Backofen bei 160°C etwa 10 Minuten backen. Auskühlen lassen.

Energie: 110 kcal/ Portion

Reich an: Kohlenhydraten, Vitamin E, Kalium, Kupfer, Mangan

Frei von Laktose

IQ-Pralinen

(ca. 20 Kugeln)

	Saft von einer ½ Orange
100 g	getrocknete Cranberrys
75 g	Kokosraspeln
50 g	Kokosmus

Zubereitung:
Orangensaft mit den Cranberrys, 60 g Kokosraspeln und Kokosmus im Mixer zu einer homogenen Masse pürieren. Aus der Masse walnussgroße Kugeln formen. Pralinen in den restlichen Kokosraspeln wälzen.

Energie: 60 kcal pro Praline

Frei von Laktose

Einstein-Pralinen

(ca. 15 Kugeln)

100 g	getrocknete Aprikosen
5 EL	(50 g) Cashewnüsse
2 EL	Kokosblütensirup
3 EL	(30 g) Haferflocken
4 EL	Kokosraspel
	abgeriebene Schale von 1 unbehandelter Orange

Zubereitung:
Aprikosen grob würfeln. Cashewnüsse und Aprikosen im Mixer fein mixen. Kokosblütensirup in einer Pfanne erwärmen, bis er flüssig ist. Alle übrigen Zutaten, inklusive Aprikosen-Cashew-Masse, in die Pfanne geben und gründlich vermengen. Aus der warmen Masse die Pralinen formen.

Energie: 50 kcal pro Praline

Frei von Laktose

Brain-Kugel

(25 Kugeln)

150 g	Datteln
150 g	geröstete Mandeln ohne Haut
150 g	Cashewkerne gehackt
1 Msp	gemahlene Vanille
	etwas dunklen Kakao zum Bestäuben

Zubereitung:
Alle Zutaten bis auf den Kakao pürieren. Aus der Masse 25 kleine Eier formen und in Kakao wälzen.

Energie: 90 kcal pro Kugel

Reich an: Fett, Vitamin E, Niacin, Kupfer

Frei von Laktose

Lustige Erbsen
für den Denkapparat

1 Dose Kichererbsen
Salz, Pfeffer, Paprika- oder Chilipulver

Zubereitung:
Die Kichererbsen in ein Sieb geben und mit klarem Wasser waschen. Anschließend die Kichererbsen in einer Schüssel nach Belieben mit Salz, Pfeffer, Paprika oder auch Chili würzen. Die Kichererbsen auf ein mit Backpapier ausgelegtes Backblech gut verteilen und in dem vorgeheizten Backofen für ca. 15 Minuten bei 180°C backen. Je nach Belieben kann die Garzeit angepasst werden. Je länger die Kichererbsen im Ofen sind, desto krosser werden sie.

Energie: 180 kcal/ Portion

Reich an: Eiweiß, Vitamin E, Vitamin B1, Niacin, Vitamin C, Magnesium, Phosphor, Eisen, Zink, Kupfer, Mangan, Jod

Frei von Laktose

Erinnerungsbox-Aktivator

(2 Personen)

50 g	tiefgekühlte Beeren (z.B. Erdbeeren oder Himbeeren)
1 EL	Honig
250 g	Sojajoghurt
2 EL	Kokosmus
2 EL	Kokosraspel
	eine Portion Vitalkomplex Dr. Wolz

Zubereitung:
Alle Zutaten in einen Mixbehälter geben und miteinander pürieren. Die Joghurt-Beeren-Mischung in eine Schüssel geben und für 2 Stunden ins Tiefkühlgerät geben. Während dieser Zeit zweimal herausnehmen und mit dem Pürierstab aufmixen.

Energie: 220 kcal/ Portion

Reich an: Fett, Vitamin C, Magnesium

Frei von Laktose

Nervennahrung

(2 Personen)

2	Eier
25 g	Zucker
1 EL	Speisestärke
½	Päckchen Vanillezucker
200 ml	Milch (1,5% Fett)
	Vanilleschote
2	Ananasscheiben
1	Mango
2	Kiwis

Zubereitung:

Obst in kleine Stücke schneiden und auf einen Holzspieß aufspießen. Eier trennen und Eigelb aufschlagen. Zucker, Stärke, Vanillezucker und Vanilleschote dazu geben und verrühren. Währenddessen die Milch auf dem Herd zum Kochen bringen. Die etwas abgekühlte Milch zu den anderen Zutaten geben und weiter verrühren. Kurz abkühlen lassen und zusammen mit dem Spieß servieren.

Energie: 310 kcal/ Portion

Reich an: Kohlenhydraten, Vitamin E, Vitamin B2, Niacin, Pantothensäure, Folsäure, Biotin, Vitamin B12, Vitamin C, Kalium, Calcium, Phosphor, Eisen, Zink, Kupfer, Mangan

Durchstarter

(2 Personen)

Zubereitung:

Den Reis in Wasser aufkochen. Milch hinzugeben und bei geringer Hitze 45 Minuten köcheln lassen. Mit Zimt abschmecken. Die Butter einrühren und Reis mit Ahornsirup beträufeln. Die Maracuja kleinschneiden und dazu fügen. Kreatin optifit Maracuja untermischen.

Energie 220 kcal/ Portion

Reich an: Kohlenhydraten, Niacin, Vitamin B6, Biotin, Vitamin C, Kalium, Phosphor, Zink, Kupfer, Mangan

50 g	Milchreis
100 ml	Wasser
50 ml	Milch
5 g	Butter
1 EL	Ahornsirup
2	Maracujas
1-2	Messlöffel Kreatin optifit Maracuja (Apotheke)
	Zimt

Omas Leistungsbringer

(2 Personen)

100 g Grünkern
200 ml Gemüsebrühe
30 g Petersilie
2 EL Haferflocken
Tomatenmark
Muskat, Senf
Pfeffer, Jodsalz
Oregano, Sojasauce

Zubereitung:
Grünkern schroten. Die Brühe aufkochen lassen, den Grünkernschrot einstreuen, kurz erhitzen, dann bei mittlerer Hitze ausquellen lassen. Nach dem Abkühlen die restlichen Zutaten untermengen und den Teig mit den Gewürzen abschmecken. Zwei große oder vier kleine Bratlinge formen und in einer beschichteten Pfanne ohne Fettzugabe von beiden Seiten knusprig braten.

Energie: 560 kcal/ Portion

Reich an: Kohlenhydraten, Vitamin E, Vitamin B1, Niacin, Pantothensäure, Vitamin B6, Folsäure, Biotin, Vitamin C, Kalium, Magnesium, Phosphor, Eisen, Zink, Kupfer, Mangan, Jod, Ballaststoffen, Dopamin +

Denk-Beschleuniger-Salat

(2 Personen)

80 g Reis (Rohgewicht)
1 TL Zitronensaft
80 ml Gemüsebrühe
Jodsalz
frisch gemahlener Pfeffer
2 TL Olivenöl
1 Bund frische Kräuter
2 Bund Radieschen
300 g gekochte grüne Bohnen

Zubereitung:
Den Reis mit einer Prise Jodsalz kochen bis er gar ist. Zitronensaft, Brühe, Jodsalz, Pfeffer, Öl und gehackte Kräuter verrühren.
Radieschen klein schneiden, mit den übrigen Zutaten in die Soße geben und durchziehen lassen.

Energie: 290 kcal/ Portion

Reich an: Kohlenhydraten, Niacin, Pantothensäure, Vitamin B6, Folsäure, Biotin, Vitamin C, Kalium, Calcium, Magnesium, Phosphor, Eisen, Zink, Kupfer, Mangan, Jod

Gerollte Dynamik

(2 Personen)

½	Avocado
½ TL	Zitronensaft
½	Knoblauchzehe
½ EL	vegane Salatcreme
	Salz, Pfeffer
½	Kopf Eisbergsalat
2	Tomaten
½	rote Zwiebel
2	softe Tortillas

Zubereitung:
Die Avocado halbieren und das Fruchtfleisch mit einem Löffel in eine kleine Schüssel geben. Mit dem Zitronensaft beträufeln, damit es nicht braun wird. Den Knoblauch schälen und zu der Avocado pressen. Die Salatcreme hinzufügen. Mit einer Gabel oder dem Pürierstab zu einem Mus vermischen und mit Salz und Pfeffer abschmecken. Vom Salat die äußeren Blätter entfernen. Den Rest in feine Streifen schneiden. Die Tomaten waschen, abtrocknen, den Stiel entfernen. Das Fruchtfleisch in sehr kleine Würfel schneiden. Die Zwiebel schälen und in sehr feine Würfel schneiden und mit den Tomaten vermischen. Jeweils eine Tortilla großzügig mit der Avocadocreme bestreichen, aber den äußeren Rand 1 bis 2 cm frei lassen. Dann Eisbergsalat auf zwei Drittel der Tortilla geben und darauf die Tomatenzwiebelmischung. Nun die Tortilla von der belegten Seite zur freien hin zum Wrap aufrollen, in der Mitte schräg durchschneiden und servieren.

Energie: 260 kcal/ Portion

Reich an: Fett, Vitamin E, Vitamin B1, Niacin, Vitamin B6, Folsäure, Vitamin C, Phosphor, Kalium, Kupfer, Mangan, Jod
Frei von Laktose

Salat „Gehirnakrobat“

(2 Personen)

1/2	Steinofenbaguette
200 g	Zuckerschoten
	Jodsalz
1	Lauchzwiebel
4 Stängel	glatte Petersilie
150 g	gekochte Partygarnelen
2 EL	Raps-Kernöl
1/2 TL	Honig
1 TL	Meerrettich
1 EL	Limettensaft
1 TL	Limettenabrieb
	weißer Pfeffer

Zubereitung:

Das Baguette nach Anweisung auf der Packung aufbacken und etwas abkühlen lassen. Die Zuckerschoten waschen, diagonal durchschneiden und in kochendem Wasser zwei Minuten blanchieren. Abschütten, mit kaltem Wasser abschütten und zum Abtropfen beiseite stellen. Lauchzwiebel und Petersilie waschen, putzen und sehr fein hacken. Beides in eine Salatschüssel geben. Zuckerschoten und Garnelen zufügen und vorsichtig vermischen. Für das Dressing: Öl, Honig, Meerrettich und Saft sowie Abrieb von der Limette mit Salz und Pfeffer sehr gut verrühren. Über den Salat geben und mit Baguette servieren.

Energie: 400 kcal/ Portion

Reich an: Eiweiß, Vitamin E, Vitamin B1, Vitamin B2, Niacin, Pantothensäure, Vitamin B6, Folsäure, Vitamin B12, Vitamin C, Kalium, Calcium, Magnesium, Phosphor, Eisen, Zink, Kupfer, Mangan, Jod, Ballaststoffen, Omega-3-Fettsäuren Dopamin +

Frei von Laktose

20
geistreiche
Hauptmahlzeiten

„Grips“-Salat als Beilagen-Portion

(2 Personen)

250 g	Karotten, geschält und geraspelt
2 Stiele	Petersilie, gehackt
1 EL	Walnussöl, alternativ Kürbiskernöl
2 EL	Mangosaft
1 TL	Essig
1 EL	Walnusskerne, zerhackt
1 Prise	Jodsalz oder jodiertes Meersalz
1	Ampulle Sanuzella® ZYM oder eine Portion Vitalkomplex Dr. Wolz

Zubereitung:
Karotten und Petersilie in einer Schüssel vermengen. Sanuzella® ZYM oder Vitalkomplex Dr. Wolz, Walnussöl, Essig und Mangosaft zu einem Dressing verrühren. Dressing und Karotten vermengen und mit Jodsalz oder jodiertem Meersalz abschmecken. Walnusskerne über den Salat geben.

Energie: 280 kcal/ Portion

Reich an: Fett, Vitamin E, Vitamin B1, Niacin, Vitamin B6, Folsäure, Biotin, Vitamin C, Kalium, Calcium, Magnesium, Phosphor, Eisen, Kupfer, Mangan, Jod, Ballaststoffen, Omega-3-Fettsäuren

Frei von Laktose

Leistungs-Rakete

(2 Personen)

2	Matjesfilets
1	Apfel
¼	Salatgurke
1	kleine Zwiebel
100 ml	Salatdressing mit Buttermilch
½ Bund	Dill

Zubereitung:

Matjesfilets etwa 1-2 Stunden wässern, je nach Schärfe. Apfel schälen, vom Kerngehäuse befreien, in Stifte schneiden und gleich mit ein paar Löffel Dressing marinieren, damit er sich nicht verfärbt. Gurke schälen, halbieren, entkernen und in Scheiben schneiden. Zwiebel fein würfeln. Matjesfilets in ca. 2 cm breite Stücke schneiden. Zusammen mit den vorbereiteten Zutaten und dem Salat Dressing mischen. Dill fein schneiden und zum Schluss unter den Salat ziehen. Salat etwa eine halbe Stunde durchziehen lassen. Schmeckt sehr gut zu Pellkartoffeln oder zu Vollkornbrot.

Energie: 270 kcal/ Portion

Reich an: Eiweiß, Vitamin E, Vitamin B2, Niacin, Pantothensäure, Vitamin B6, Biotin, Vitamin B12, Vitamin C, Kalium, Phosphor, Kupfer, Jod, Omega-3-Fettsäuren Dopamin +

Lustige-Möhren-Suppe mit Avocado

(2 Personen)

300 g	Kichererbsen (Dose)
1	kleine Zwiebel
1	Knoblauchzehe
150 g	Möhren
1	Romatomate
1 EL	Olivenöl
1-2 TL	mildes Currypulver
400 ml	Gemüsebrühe
	Jodsalz
	Pfeffer
1/2	Avocado

Zubereitung:

Die Kichererbsen in ein Sieb geben, kalt abspülen und abtropfen lassen. Zwiebel und Knoblauch abziehen und hacken. Die Möhren schälen und in Scheiben schneiden, die Tomate waschen, putzen und in Würfel schneiden. In einem Topf das Öl erhitzen, darin die Zwiebeln zusammen mit dem Currypulver andünsten. Knoblauch, Möhren und Kichererbsen dazugeben und kurz mit dünsten. Dann Tomatenwürfel zugeben, die Brühe angießen und alles 10 Minuten köcheln lassen. Die Suppe mit dem Stabmixer fein pürieren und mit Salz, Pfeffer und Currypulver abschmecken. Die Avocado schälen und das Fruchtfleisch in kleine Würfel schneiden. Die Suppe auf zwei Teller verteilen und die Avocadowürfel als Topping hineingeben.

Energie: 400 kcal/ Portion

Reich an: Fett, Vitamin E, Vitamin B1, Vitamin B2, Niacin, Pantothensäure, Vitamin B6, Folsäure, Biotin, Vitamin C, Kalium, Calcium, Magnesium, Phosphor, Eisen, Zink, Kupfer, Mangan, Jod, Ballaststoffen, Omega-3-Fettsäuren

Schlaues Köpfchen-Suppe

(2 Personen)

100 g	rote Linsen
1	Schalotte
½	Knoblauchzehe
1 TL	Kreuzkümmel gemahlen
1 EL	Kokosöl
300 ml	Gemüsebrühe
200 ml	Kokosmilch
1 EL	Sesam
½ Stängel	Petersilie
1 EL	Sesampaste
	Salz
	Pfeffer

Zubereitung:

Linsen in ein Sieb geben und unter fließendem Wasser kurz abspülen. Im Sieb abtropfen lassen. Schalotten und Knoblauch schälen und in feine Würfel schneiden. Kokosöl in einem Topf erhitzen. Schalotten im heißen Fett ohne Farbe anschwitzen. Sind die Schalotten glasig, Linsen zugeben und mit anschwitzen. Nach ca. 3 Minuten Kreuzkümmel zugeben und weitere drei Minuten anschwitzen. Kokosmilch und Gemüsebrühe zugeben. Suppe bei geringer Hitze ca. 15 Minuten köcheln lassen bis die Linsen weich sind. In der Zwischenzeit den Sesam ohne Fett in einer Pfanne rösten. Danach zum Abkühlen auf einen Teller geben und zur Seite stellen. Petersilie fein hacken, ebenfalls zur Seite stellen. Die Sesampaste in die Suppe geben und anschließend mit dem Pürierstab die Suppe fein pürieren. Suppe mit Balsamicoessig, Salz und Pfeffer abschmecken. Suppe anrichten und mit geröstetem Sesam und gehackter Petersilie bestreut servieren.

Energie: 470 kcal/ Portion

Reich an: Fett, Vitamin B1, Niacin, Pantothensäure, Vitamin B6, Folsäure, Kalium, Calcium, Magnesium, Phosphor, Eisen, Zink, Kupfer, Mangan, Ballaststoffen
Dopamin +

Frei von Laktose

Frikadellen fürs Ideenbergwerk

(2 Personen)

	Jodsalz, Pfeffer, Rosmarin, Knoblauch nach Belieben
100 g	Hackfleisch
½	Zwiebel
50 ml	Buttermilch
25 g	Magerquark
ca. 6	mittelgroße Kartoffeln
2 EL	Rapsöl
	Jodsalz
2 EL	Haferflocken
1 EL	Kräuter
½ EL	Senf

Für den Dip:

50 g	Saure Sahne
1,5 EL	mittelscharfer Senf
1,5 EL	Honig

Zubereitung:

Die Kartoffeln waschen und in Spalten schneiden. Auf einem mit Backpapier ausgelegten Backblech verteilen, mit 2 EL Rapsöl, Salz, Knoblauch sowie Rosmarin vermischen. Bei 170°C ca. 30 – 40 min. im Backofen backen. In der Zwischenzeit die Zwiebeln klein hacken. Das Hackfleisch mit gehackten Zwiebeln, Buttermilch, Quark, Haferflocken, Kräutern und Senf in einer großen Schüssel vermengen. Nach Belieben mit Knoblauch, Rosmarin, Salz und Pfeffer würzen. 6-8 Bällchen formen und in Öl gut durchbraten. Den Dip aus saurer Sahne, Senf und Honig in einer kleinen Schüssel anrühren. Zusammen mit den Frikadellen und den Kartoffelspalten servieren.

Energie: 450 kcal/ Portion

Reich an: Fett, Vitamin E, Vitamin B1, Vitamin B2, Niacin, Pantothensäure, Vitamin B6, Folsäure, Biotin, Vitamin B12, Vitamin C, Kalium, Calcium, Magnesium, Phosphor, Eisen, Zink, Kupfer, Mangan, Jod
Dopamin +

Steak der Weisen

(2 Personen)

80 g	Hirse (Rohgewicht)
200 ml	Salzwasser
8	Möhren
2	Zwiebeln
2 TL	Estragon
200 ml	Gemüsebrühe
200 g	Rindsteak
1 TL	Sonnenblumenöl
2 TL	Creme fraîche

Zubereitung:

Hirse in Salzwasser zugedeckt zum Kochen bringen und bei kleinster Hitze 20 Minuten quellen lassen. Überschüssige Flüssigkeit zum Schluss offen verdampfen lassen. Möhren und Zwiebeln kleinschneiden und mit Estragon in einer Tasse Brühe bei kleiner Hitze garen. Eine Pfanne erhitzen. Die Steaks dünn mit Öl einpinseln und auf jeder Seite eine Minute braten. Fleisch auf vorgewärmte Teller geben und mit Salz und Pfeffer würzen. Crème fraîche unter die Möhren rühren und Gemüse und Hirse zum Fleisch anrichten.

Energie: 490 kcal/ Portion

Reich an: Eiweiß, Vitamin E, Vitamin B1, Vitamin B2, Niacin, Pantothensäure, Vitamin B6, Folsäure, Biotin, Vitamin B12, Vitamin C, Kalium, Magnesium, Phosphor, Eisen, Zink, Kupfer, Mangan, Ballaststoffen
Dopamin +

Schlauberger im Senfmantel

(2 Personen)

2	Hähnchenbrustfilets (à 180 g)
50 g	Dijonsenf
1 TL	schwarzer Pfeffer aus der Mühle
1 TL	Senfkörner
1 TL	Meersalz
1/2 TL	Estragon
1 TL	Öl

Zubereitung:
Die Hähnchenbrustfilets kurz waschen und abtupfen und rundum mit Senf einreiben. Pfeffer mit Senfkörnern, Meersalz und Estragon in einem Mörser zerkleinern und die Gewürzmischung darüber streuen. Etwa 1 Stunde abgedeckt im Kühlschrank marinieren. Das Fleisch aus der Marinade nehmen und abtropfen lassen. Den Grillrost einfetten und die Hähnchenbrustfilets darauf legen. Zuerst kurz heiß angrillen, dann auf der Seite garen lassen, bis das Fleisch schön braun ist. Die Kerntemperatur sollte 75 °C betragen.

Energie: 250 kcal/ Portion

Reich an: Eiweiß, Vitamin E, Vitamin B2, Niacin, Pantothensäure, Vitamin B 12, Kalium, Magnesium, Phosphor, Eisen, Zink, Kupfer, Mangan, Jod
Dopamin +

Frei von Laktose

„Verleihnix"

(2 Personen)

1	kleine Paprika
1	kleine Zucchini
2	Karotten
2	Tomaten
10 g	Kräuter
200 g	Seelachs (frisch oder TK)
40 ml	Zitronensaft
1,5 EL	Sonnenblumenöl
1	kleine Zwiebel
50 ml	Gemüsebrühe
70 g	Couscous
	Petersilie, Jodsalz, Pfeffer

Zubereitung:

Das Gemüse putzen. Paprika in Streifen schneiden. Zucchini, Karotten und Tomaten in kleine Würfel schneiden und die Zwiebel hacken. Den Fisch waschen und auf Küchenpapier trocknen. Nun beide Seiten mit Zitronensaft beträufeln und mit Salz und Pfeffer würzen. In eine Auflaufform geben und im Backofen bei 180°C für 15 Minuten garen. Gemüse und Kräuter in der Zwischenzeit in einer Pfanne mit Öl anbraten. Mit der Gemüsebrühe ablöschen und zum Fisch in die Auflaufform geben. Die Form mit Alufolie abdecken und für weitere 10-15 Minuten garen. In einen Topf 150 ml Wasser füllen und zum Kochen bringen. Von der Herdplatte nehmen. Den Couscous vorsichtig einrühren und ausquellen lassen. Nun mit dem Fisch, Petersilie und Gemüse servieren.

Energie: 440 kcal/ Portion

Reich an: Eiweiß, Vitamin E, Vitamin B1, Vitamin B2, Niacin, Pantothensäure, Vitamin B6, Folsäure, Biotin, Vitamin B12, Vitamin C, Kalium, Calcium, Magnesium, Phosphor, Eisen, Zink, Kupfer, Mangan, Jod, Ballaststoffen, Omega-3-Fettsäuren
Dopamin +

Intelligenzbestie

(2 Personen)

80 g	Naturreis (Rohgewicht)
300 g	Kabeljaufilet
2 TL	Zitronensaft
80 g	Lauch
80 g	Möhren-Erbsen-Mischgemüse (frisch oder TK)
200 g	Joghurt (1,5% Fett)
1/2 Becher	saure Sahne
1/4 Dose	Tomaten
2 TL	Tomatenmark
	Jodsalz, Pfeffer, Thymian

Zubereitung:

Den Reis in Salzwasser garen. Fischfilet mit Zitronensaft beträufeln und einige Minuten ziehen lassen. Dann das Filet klein schneiden. Lauch in Ringe schneiden, andünsten und mit Erbsen-Möhren-Gemüse oder Tiefkühl-Misch-Gemüse vermengen. Den Fisch mit dem Gemüse und dem Reis mischen und in eine gefettete Auflaufform geben. Für die Soße Joghurt, saure Sahne, in Stücke geschnittene Tomaten und Tomatenmark verrühren und über die Fisch-Gemüse-Mischung gießen. Bei 180°C ca. 30 – 40 Min. auf mittlerer Schiene backen.

Energie: 545 kcal/ Portion

Reich an: Eiweiß, Vitamin E, Vitamin B1, Vitamin B2, Niacin, Pantothensäure, Vitamin B6, Folsäure, Vitamin B12, Vitamin C, Kalium, Calcium, Magnesium, Phosphor, Eisen, Zink, Kupfer, Mangan, Jod, Omega-3-Fettsäuren
Dopamin +

Omega-3-Booster

(2 Personen)

1	Zwiebel
2-3	Knoblauchzehen
1 EL	Olivenöl
1	rote Paprika
1	Zucchini
	Jodsalz
	Pfeffer
	Kräuter der Provence
1 Packung	passierte Tomaten
100 g	Quinoa
300 g	Lachsfilet

Zubereitung:

Zwiebel und Knoblauch schälen und in Würfel schneiden. Im heißen Öl in einer großen Pfanne anschwitzen. Währenddessen Paprika und Zucchini putzen, in mundgerechte Stücke schneiden und in der Pfanne mit braten. Schon während des Anbratens alles mit Salz und Pfeffer würzen. Passierte Tomaten zugeben, zum Köcheln bringen und alles nach Geschmack mit den Kräutern der Provence würzen. Quinoa nach Packungsanweisung in Salzwasser garen. Den Lachs waschen, abtrocknen und mit Salz und Pfeffer würzen. Auf das Gemüse legen, den Deckel auf die Pfanne legen und den Fisch 10–15 Minuten dünsten (je nach Dicke). Quinoa auf zwei Teller verteilen, das Gemüse darüber geben und den Fisch obenauf legen. Servieren.

Energie: 570 kcal/ Portion

Reich an: Eiweiß, Vitamin E, Vitamin B1, Vitamin B2, Niacin, Pantothensäure, Vitamin B6, Folsäure, Biotin, Vitamin B12, Vitamin C, Kalium, Phosphor, Eisen, Zink, Kupfer, Mangan, Jod, Ballaststoffen, Omega-3-Fettsäuren Dopamin +

Frei von Laktose

Hirn-Doping

(4 Personen)

4	rote Paprikaschoten
1/8 l	Kokosmilch
1/8 l	Gemüsebrühe
125 g	Bulgur
1 TL	Kurkuma
	Pfeffer
2 EL	Sesam
2 EL	Kokosraspeln

Zubereitung:
Paprika längs halbieren und jeweils den Stiel und das Kerngehäuse entfernen. Paprikahälften von innen leicht salzen. Kokosmilch, Gemüsebrühe und Bulgur zusammen aufkochen und anschließend 10 Minuten quellen lassen. Bulgur mit Kurkuma und Pfeffer abschmecken. Backofen auf 200°C vorheizen. Die Paprikahälften mit dem Bulgur füllen und in eine backofenfeste Form legen. In die Form etwas gesalzenes Wasser füllen, bis der Boden gerade so bedeckt ist. Die Paprikahälften 45 Minuten im Backofen garen. 5 Minuten vor Ende der Garzeit den Sesam und die Kokosraspel auf den Paprika verteilen und mit dem Backofengrill überbacken.

Energie: 240 kcal/ Portion

Reich an: Fett, Vitamin E, Vitamin B1 Niacin, Vitamin B6, Folsäure, Vitamin C, Kalium, Phosphor, Eisen, Zink, Kupfer, Ballaststoffen

Besserwisser-Happen

(2 Personen)

300 g	frische Champignons
2	kleine Zwiebeln
1 EL	Öl
1 Bund	Petersilie
1 Bund	Schnittlauch
1 Packung	(250 g) TK-Spinat
1	Knoblauchzehe
	Jodsalz
	Pfeffer
	Muskat
1 Packung	Käse-Tortelloni

Zubereitung:
Frische Champignons in Scheiben, die Zwiebeln in feine Würfel schneiden. Öl in der Pfanne erhitzen. Champignonscheiben mit den Zwiebelwürfeln anbraten. Petersilie grob hacken und Schnittlauch grob schneiden und hinzufügen. Eine Packung Tiefkühl-Blattspinat nach Packungsangabe zubereiten und mit der feingehackten Knoblauchzehe sowie Jodsalz, Pfeffer und Muskat würzen. Die Packung Käse-Tortelloni zubereiten und auf dem Blattspinat anrichten und mit den geschmorten Champignons garnieren. Bei Bedarf mit etwas Parmesankäse bestreuen.

Energie: 470 kcal/ Portion

Reich an: Eiweiß, Vitamin E, Vitamin B1, Vitamin B2, Niacin, Pantothensäure, Vitamin B6, Folsäure, Biotin, Vitamin C, Kalium, Calcium, Magnesium, Phosphor, Eisen, Zink, Kupfer, Mangan, Jod, Ballaststoffen

Frei von Laktose

Süß-kartoffelgratin „Köpfchen"

(2 Personen)

400 g	Süßkartoffel
etwas	Zitronengras
100 ml	Kokosmilch
25 ml	Milch
	Salz
	Pfeffer
50 g	Quinoa
ca. 125 ml	Wasser
2 EL	Kokosraspel

Zubereitung:
Den Backofen auf 200°C vorheizen. Süßkartoffel schälen, in Scheiben schneiden und in eine gefettete Auflaufform legen. Zitronengras halbieren und mit dem Stößel des Mörsers anstoßen. Kokosmilch, Milch und Zitronengras zusammen aufkochen. Für etwa drei Minuten köcheln lassen und mit Salz und Pfeffer abschmecken. Zitronengras aus der Milch entfernen und die Milch anschließend über die Kartoffeln gießen. Die Form mit Alufolie abdecken und im heißen Backofen für etwa 25 Minuten backen. In der Zwischenzeit Quinoa mit dem Wasser und etwas Salz aufkochen und bei mäßiger Hitze etwa 20 Minuten garen bis das Wasser aufgesogen ist. Anschließend mit den Kokosraspeln mischen. Quinoa-Kokos-Kruste fünf Minuten vor Ende der Garzeit auf den Süßkartoffeln verteilen. Das Gratin ohne Alufolie die letzten fünf Minuten mit dem Backofengrill überbacken.

Energie: 440 kcal/ Portion

Reich an: Kohlenhydraten, Vitamin E, Vitamin B1, Niacin, Pantothensäure, Vitamin B6, Folsäure, Biotin, Vitamin C, Kalium, Magnesium, Phosphor, Eisen, Kupfer, Mangan, Ballaststoffen

Frei von Laktose

Schalt-zentralen-Tortilla

(2 Personen)

1	Zucchini
1	rote Paprika
1	gelbe Paprika
1 Bund	Frühlingszwiebeln
1	kleine Zwiebel
2	Knoblauchzehen
2	mittelgroße Kartoffeln
3 EL	Olivenöl
4 Zweige	Thymian
5	Eier
6 EL	Milch
1 EL	Schnittlauchröllchen
	Salz
	Pfeffer

Zubereitung:
Für die Kartoffel-Gemüse-Tortilla die Zucchini in Scheiben schneiden. Beide Sorten Paprika vierteln, entkernen und in schmale Streifen schneiden. Den Frühlingslauch putzen und schräg in Scheiben schneiden. Die Zwiebel schälen und in feine Scheiben schneiden. Die Knoblauchzehen ebenfalls schälen und fein würfeln. Die Kartoffeln schälen und mit dem Sparschäler in feine Scheiben hobeln. Das Olivenöl in einer großen Pfanne erhitzen und alles Gemüse darin 5 Minuten garen. Mit etwas Salz und Pfeffer würzen. Den Thymian fein hacken und zusammen mit fünf Eiern, Milch, Salz und Pfeffer verquirlen. Die Eimischung über das Gemüse in die Pfanne geben und im Ofen bei Umluft bei 140°C für 10 Minuten zum Stocken bringen. Anschließend die Kartoffel-Gemüse-Tortilla auf einem großen Teller stürzen und mit den Schnittlauchröllchen bestreut servieren

Energie: 530 kcal/ Portion

Reich an: Fett, Vitamin E, Vitamin B1, Vitamin B2, Niacin, Pantothensäure, Vitamin B6, Folsäure, Biotin, Vitamin B12, Vitamin C, Kalium, Calcium, Magnesium, Phosphor, Eisen, Zink, Kupfer, Mangan, Jod
Dopamin +

Mentalus-Bällchen auf Tomatengemüse

(2 Personen)

100 g	Vollkornreis (35 g Rohgewicht)
40 g	Haferflocken
25 g	geriebener Parmesan
1	Ei
	Öl zum Anbraten
1	Zwiebel
1 EL	Olivenöl
250 g	Tomaten
	Jodsalz
	Pfeffer
1	Knoblauchzehe
½ TL	Thymian

Zubereitung:
200 ml Wasser zum Kochen bringen. Reis einstreuen, etwa 30 Minuten bei niedriger Temperatur gar kochen und anschließend ausquellen lassen. Reis mit Haferflocken, Parmesan und Eiern vermischen. Aus der Reismasse Bällchen formen und goldbraun anbraten. Zwiebeln in Würfel schneiden und in Olivenöl dünsten. Tomaten zerkleinern und mit Salz, Pfeffer und Knoblauchzehen zu den Zwiebeln geben und mit dünsten. Mit Thymian würzen. Reisbällchen auf dem Gemüse servieren.

Energie: 360 kcal/ Portion

Reich an: Fett, Vitamin E, Vitamin B1, Vitamin B2, Niacin, Pantothensäure, Vitamin B6, Folsäure, Biotin, Vitamin B12, Vitamin C, Kalium, Calcium, Magnesium, Phosphor, Eisen, Zink, Kupfer, Mangan, Jod
Dopamin +

Frei von Laktose

Geistreiche Pfannkuchen

(4 Personen)

150 g	Weizenvollkornmehl
1	Ei
250 ml	Wasser
3 EL	flüssiges Kokosöl (eventuell erwärmt)
	Kokosöl zum Backen
150 g	rote Linsen
400 ml	Wasser
1 rote	Paprikaschote
5 EL	Kokoswasser
1 EL	Kokosmus
	Salz
	Pfeffer
50 g	Rucola
2 Stängel	Petersilie
150 g	Apfel
300 g	Quark
2 EL	Zitronensaft
	Salz
	Pfeffer

Zubereitung:

Für die Pfannkuchen Weizenvollkornmehl, Ei, Wasser und Kokosöl mit dem Pürierstab zu einem Teig mixen. Anschließend für 45 Minuten ruhen lassen. Für die Füllung die Linsen mit dem Wasser aufsetzen und 15-20 Minuten garen (Packungsangabe beachten). Paprika entkernen und in kleine Würfel schneiden. Linsen abtropfen lassen und mit Kokoswasser und Kokosmus zu einer Creme mixen und mit Salz und Pfeffer abschmecken. Aus dem Pfannkuchenteig acht kleine Pfannkuchen backen. Die Pfannkuchen jeweils mit der Linsencreme bestreichen. Paprikawürfel und den Rucola auf der Creme verteilen. Anschließend die Pfannkuchen aufrollen. Für den Dip die Petersilienblätter hacken. Den Apfel schälen, vom Kerngehäuse befreien und den Apfel reiben. Quark mit Apfel, Petersilie und Zitronensaft mischen und mit Salz und Pfeffer abschmecken. Den Dip mit je zwei Pfannkuchen servieren.

Energie: 460 kcal/ Portion

Reich an: Fett, Vitamin E, Vitamin B1, Vitamin B2, Niacin, Pantothensäure, Vitamin B6, Folsäure, Biotin, Vitamin C, Kalium, Calcium, Magnesium, Phosphor, Eisen, Zink, Kupfer, Mangan, Jod, Ballaststoffen
Dopamin +

Frei von Laktose

 **Vegane Variante:**

Das Ei kann durch 1 TL Sojamehl ersetzt werden. Statt des Quarks ist Seidentofu eine gute pflanzliche Alternative.

Graue Zellen-Tofu

(2 Personen)

100 g	Reis (Rohgewicht)
1 Prise	Jodsalz
1	Paprikaschote
2	Lauchzwiebeln
200 g	Tofu im Stück
2	Knoblauchzehen
1	Chilischote (oder Peperoni, Cayennepfeffer)
1 Stück	Ingwer
6 TL	Sojasoße
2 TL	Zitronensaft
2 TL	Sesamöl (oder anderes Öl)
150 g	Mungobohnensprossen
6 TL	Gemüsebrühe
1 Bund	frischer Koriander
2 TL	Sesamsaat

Zubereitung:
Reis nach Packungsangabe in Salzwasser kochen. Paprika und Lauchzwiebel in dünne Streifen oder Ringe schneiden. Tofu in zentimeterdicke Scheiben schneiden. Knoblauch, Chili und Ingwer fein hacken und mit Sojasoße und Zitronensaft in einen Suppenteller geben und verrühren.
Eine große, tiefe Pfanne erhitzen, mit etwas Öl einpinseln und die Tofu-Stücke leicht braun braten. Tofu zum Marinieren in die gewürzte Sojasoße legen. Das Gemüse und die Sprossen in die Pfanne geben, salzen und so lange rühren, bis alles aromatisch duftet.
Gemüsebrühe unter Rühren zugießen und 30 Sekunden zugedeckt kochen.
Tofu mit Marinade zugeben und weitere 30 Sekunden abgedeckt erhitzen.
Restliches Öl darüber träufeln. Tofu mit Gemüse und Reis auf einen Teller geben und mit Korianderblättchen und Sesam bestreuen.

Energie: 460 kcal/ Portion

Reich an: Eiweiß, Vitamin E, Vitamin B1, Vitamin B2, Niacin, Vitamin B6, Folsäure, Biotin, Vitamin C, Kalium, Calcium, Magnesium, Phosphor, Eisen, Zink, Kupfer, Mangan, Jod
Dopamin +
Frei von Laktose

Scharfsinnige Spaghetti

(2 Personen)

200 g	Möhren
1	kleine Zwiebel
1 Stück	frischer Ingwer (ca. 1 cm)
50 g	Erdnusskerne, geröstet und gesalzen
1 TL	Knoblauchöl
150 ml	Kokosmilch
	Jodsalz
150 g	Vollkornspaghetti
1	unbehandelte Limette
	Pfeffer

Zubereitung:

Die Möhren schälen und in Stücke schneiden. Die Zwiebel schälen und fein würfeln. Den Ingwer schälen und fein hacken. Die Erdnusskerne hacken. Das Öl in einem Topf erhitzen, die Zwiebel darin bei mittlerer Hitze glasig dünsten. Möhren und Ingwer zugeben und kurz mit dünsten. Die Hälfte der Erdnüsse unterrühren und die Kokosmilch angießen. Alles aufkochen lassen und bei geringer Hitze ca. 15 Minuten köcheln, bis die Möhren weich sind. Die Soße pürieren, wenn sie zu dick ist, etwas Nudelwasser zugeben. Salzwasser zum Kochen bringen, darin die Spaghetti nach Packungsanweisung garen. Dann abgießen und abtropfen lassen. Die Limette heiß abwaschen, die Hälfte in Spalten schneiden, den Rest auspressen. Ein bis zwei TL Limettensaft in die Soße rühren und sie mit Pfeffer und Salz würzen. Die Nudeln mit der Soße anrichten, mit den restlichen Erdnüssen bestreuen und die Limettenspalten dazulegen.

Energie: 630 kcal/ Portion

Reich an: Fett, Vitamin E, Vitamin B1, Niacin, Pantothensäure, Vitamin B6, Folsäure, Biotin, Vitamin C, Kalium, Magnesium, Phosphor, Eisen, Zink, Kupfer, Mangan, Jod, Ballaststoffen Dopamin +
Frei von Laktose

IQ-Pasta

(2 Personen)

120 g	Nudeln (oder Vollkornnudeln)
	Jodsalz
1/2 Bund	Lauchzwiebeln
2 EL	Knoblauchöl
250 g	Cocktailtomaten
30 g	Oliven (ohne Stein)
4 Stängel	Basilikum
30 g	Pinienkerne

Zubereitung:
Die Nudeln in Salzwasser nach Packungsanweisung kochen. Die Lauchzwiebeln putzen und in Ringe schneiden. Das Öl erhitzen und die Ringe darin anbraten. Inzwischen die Cocktailtomaten waschen, abtrocknen und halbieren oder vierteln. Die Oliven in Scheiben schneiden. Beides mit in die Pfanne geben und kurz anbraten. Das Basilikum waschen, trocken schütteln und in Stücke zupfen. Die Pinienkerne in einer kleinen Pfanne ohne Fett kurz anrösten. Die Nudeln in die Pfanne mit den Tomaten geben, gut vermengen und auf zwei Teller verteilen. Mit Basilikum und Pinienkernen bestreut servieren.

Energie: 480 kcal/ Portion

Reich an: Fett, Vitamin E, Vitamin B1, Niacin, Vitamin B6, Folsäure, Biotin, Vitamin C, Kalium, Magnesium, Phosphor, Eisen, Zink, Kupfer, Mangan, Jod

Frei von Laktose

Körper und Geist

(2 Personen)

2 große	Kartoffeln (etwa 500 g)
1	Gemüsezwiebel
100 g	Joghurt
	Jodsalz
	Pfeffer
1 Bund	Schnittlauch

Zubereitung:

Backofen auf 200°C vorheizen. Gewaschene Kartoffeln etwa 60 Minuten und halbierte ungeschälte Zwiebel etwa 45 Minuten auf einem Backblech auf mittlerer Schiene garen. Die Zwiebel abkühlen lassen, schälen und grob hacken. Die gegarten Kartoffeln halbieren und aushöhlen. Ca. 1 cm Rand stehen lassen. Die Kartoffelmasse zerdrücken und mit Joghurt, Salz, Pfeffer, Schnittlauchröllchen und den gehackten Zwiebeln vermischen. Diese Masse in die ausgehöhlten Kartoffeln geben und noch einmal für etwa 15 Minuten in den Backofen schieben.

Energie: 230 kcal/ Portion

Reich an: Kohlenhydraten, Vitamin B1, Niacin, Pantothensäure, Vitamin B6, Folsäure, Vitamin C, Kalium, Calcium, Magnesium, Phosphor, Eisen, Kupfer, Mangan, Jod

Studie: Obst und Gemüse steigert geistige Fitness

Dass besonders Obst und Gemüse wichtige Gehirnnahrungsmittel sind, wurde jüngst durch eine aktuelle Studie der Gesellschaft für Gehirntraining (GfG) eindrucksvoll belegt. Dabei nahmen 47 Versuchsteilnehmer nach einem von der Ethikkommission Erlangen überprüften und frei gegebenen Studiendesign über sechs Wochen täglich 20 Milliliter des naturnahen Obst- und Gemüsekonzentrats „Vitalkomplex Dr. Wolz“ ein. Die Studienteilnehmer wurden am Anfang, nach zwei und nach sechs Wochen mit Hilfe eines standardisierten und weltweit etablierten Messverfahrens auf ihre kognitive Leistungsfähigkeit getestet.

Das Ergebnis war eindeutig: Am Ende des Untersuchungszeitraums war der IQ der Teilnehmer im Durchschnitt von 110 auf 115 Punkte angestiegen. Dies bedeutete, dass sie schneller rechnen und lesen sowie komplexere Aufgaben bewältigen konnten als zu Beginn der Studie. Damit wurde nachgewiesen, dass eine Korrelation zwischen regelmäßigem Gemüse- und Obstkonsum und der Verbesserung der Denk- und Problemlösungsfähigkeit besteht. Wichtig ist diese Erkenntnis besonders für Schulkinder, Studenten oder Berufstätige mit hohen geistigen Anforderungen.

Aber Achtung: Mit den klassischen Vitamin- und Mineralstofftabletten kann eine unzureichende Gemüse- und Obstaufnahme nicht adäquat ausgeglichen werden. Sehr wichtig sind nämlich vor allem die Sekundären Pflanzenstoffe wie Phenolsäuren, Flavonoide oder Anthozyane, die in solchen Nahrungsergänzungen oft nicht enthalten sind oder nur in isolierter und synthetischer Form vorliegen. Sekundäre Pflanzenstoffe wirken in der Natur im Verbund am effektivsten. Wer nur wenig Obst und Gemüse isst, sollte daher auf naturnahe Vitalstoffkonzentrate wie etwa Vitalkomplex Dr. Wolz zurückgreifen.

Mehr Informationen zur Studie und ihren Ergebnissen gibt es unter www.dise.online

2.
Das IQplus Mentalprogramm

Lange Zeit ist man in der Wissenschaft davon ausgegangen, dass Gehirnzellen sich im Erwachsenenalter nicht mehr neu bilden können. Diese Vorstellung ist veraltet und falsch. Heute wissen wir, dass in jedem Lebensalter, auch im höheren Erwachsenenalter neue Gehirnzellen entstehen können. Wichtig dabei ist, dass das Gehirn erstens ausreichend mit allen benötigten Nähr- und Wirkstoffen versorgt ist, und zweitens, dass man mental aktiv ist und dem Gehirn Anregungen gegeben werden.

Erprobte und wirkungsvolle Übungen für die Steigerung der geistigen Fitness haben wir hier für Sie zusammengestellt und auch in dem 5-Tage-Programm integriert. Charakteristisch ist bei diesen Übungen die Dreigliederung in Mentale Aktivierung (mentales Warming up mit den MAT-Übungen), Geistige Aktivität auf hohem Niveau (mentale Hochleistungsphase bzw. Übungen für das adaptive mentale Training mit den AMT-Übungen) und Mentale Deaktivierung (mentales Cool down mit den MRT-Übungen).

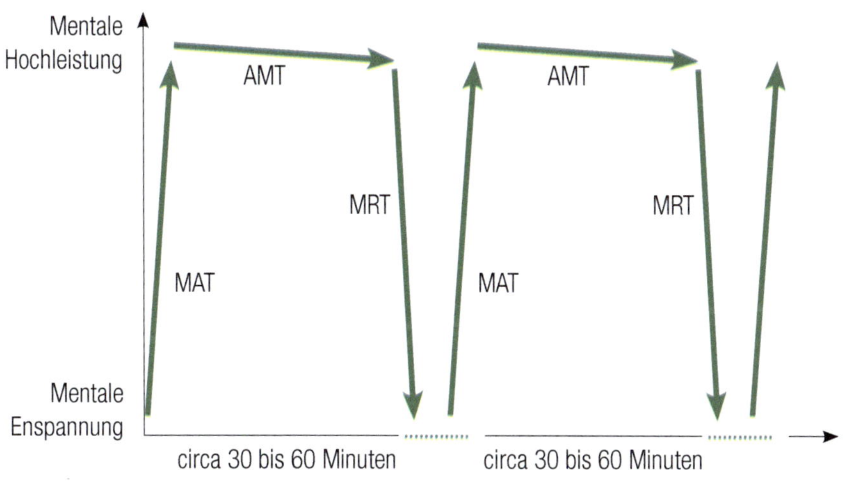

Mentales Warming-up mit den MAT-Übungen

Wir können nicht einfach im Kopf einen Schalter umlegen, um innerhalb von Zehntelsekunden oder noch schneller aus einer sehr entspannten Lage in eine hoch aktive Phase überzugehen. Wir benötigen hierfür Zeit. Wenn Sie aus einem schläfrigen Zustand kommen, dauert dies rund fünf Minuten. Aus dem höheren Wachheitszustand, der entspannten Wachheit, immer noch ein bis drei Minuten.

Um aus einem mental wenig aktiven und kaum belastbaren Zustand möglichst rasch, also innerhalb weniger Minuten auf ein hohes mentales Leistungsniveau zu kommen, wurde ein Warming-up-Verfahren für die grauen Zellen entwickelt, das gleich die geistigen Größen anregt, die bei mentalen Aktivitäten besonders gefordert sind – den Arbeitsspeicher beziehungsweise seine beiden Komponenten, die Informationsverarbeitungsgeschwindigkeit (IVG) und Merkspanne.

MAT-Übungen helfen Ihnen dabei, einen optimalen Aktivationszustand herzustellen, also in den Zustand der vollen Wachheit zu gelangen (siehe Seite zuvor), weil in ihm die maximalen geistigen Leistungen möglich sind. MAT-Übungen sollten Sie deshalb nur dann durchführen, wenn Sie sich gerade in einem suboptimalen Zustand befinden, wenn Sie schläfrig oder entspannt sind. Über das mittlere Aktivationsniveau hinaus zu gelangen, ist unerwünscht. Denn ab da verringert sich das Potential der geistigen Leistungsfähigkeit wieder.

Adaptives mentales Training mit den AMT-Übungen

Bei den AMT-Übungen handelt es sich im Regelfall um MAT-Übungen, deren Schwierigkeitsgrad gesteigert wird, bis der Grenzbereich der individuellen geistigen Leistungsfähigkeit erreicht ist. Sehr beliebt hierfür sind MAT-Übungen zur Verbesserung der Informationsverarbeitungsgeschwindigkeit (IVG). Im Rahmen des adaptiven Trainings lösen Sie die Aufgabe nicht in einer Ihnen angenehmen Geschwindigkeit, sondern führen sie von Anfang an so schnell wie möglich durch. Und dies mit hoher Sorgfalt. Noch besser geeignet sind AMT-Übungen, bei welchen gleichzeitig die IVG und die Merkspanne trainiert werden. Ein beliebtes Beispiel dieser AMT-Übungen ist der „Arbeitsspeicherdehner".

Beim „Arbeitsspeicherdehner" werden im Kopf neue Wörter aus einem vorgegebenem Wort gebildet, zum Beispiel aus LEBENSQUALITÄT. Buchstaben, die nur einmal im Wort stehen, dürfen in jedem neuen Wort entsprechend auch nur einmal genommen werden. Beispiele sind Liebe, Nebel … nicht jedoch Ebbe, denn „b" kommt im Ausgangswort nur einmal vor. Das Ergebnis können Sie aufschreiben, um Wiederholungen sofort zu erkennen und zu vermeiden. Sie können aber auch alles „nur" im Kopf machen. Auf keinen Fall sollten Sie jedoch das Ausgangswort, hier Lebensqualität, aufschreiben und dann nach neuen bildbaren Wörtern suchen. Sie sollen es sich immer wieder vorstellen und danach probieren, welche Wörter sich daraus formen lassen.

Im MAT-Modus begnügt man sich meist mit Neubildungen, die aus einem einzigen Wort gebildet werden. Dann ist der Arbeitsspeicher hochgefahren. Charakteristisch für AMT-Übungen ist jedoch, die Bildung neuer Wörter so schnell wie möglich durchzuführen und irgendwann mit dem Ausgangswort aufzuhören und sich einem neuen Wort zuzuwenden. Denn insgesamt sollten die AMT-Übungen mindestens 15 Minuten dauern und Sie im Grenzbereich Ihrer geistigen Leistungsfähigkeit fordern. Wenn Ihnen ungefähr 30-40 Sekunden lang kein neu zu bildendes Wort einfällt, sollten Sie sich einem neuen Ausgangswort widmen.

Mentales Cool down mit den MRT-Übungen

MRT-Übungen sind das Gegenteil von MAT-Übungen und dienen der Entspannung. Sie helfen dabei, den Arbeitsspeicher herunterzufahren, um Distress zu vermeiden und psychische Stabilität und Gelassenheit zu sichern. Entspannende MRT-Übungen begünstigen zudem das Auftanken mit frischer Energie.

Nun folgt eine praxisnahe Vorstellung von konkreten mentalen Übungen für die mentale Aktivierung (MAT), für ein adaptives mentales Training (AMT) und für eine mentale Relaxation (MRT).

» **10 Übungen für das mentale Warming up (MAT-Übungen)**
» **10 Übungen für das adaptive mentale Training (AMT-Übungen)**
» **10 Übungen für das mentale Cooling down (MRT-Übungen)**

IVG 1: Aktivierung

Die nachfolgenden aktivierenden Übungen sollten Sie nur durchführen, wenn Sie anfänglich ruhig und entspannt sind. Es genügt eine Übung. Streichen Sie gemütlich, ohne sich unter Druck zu setzen, alle „m" durch. Es ist egal, ob sie groß oder klein geschrieben sind. Beginnen Sie jetzt:

> Mit zwei sehr unterschiedlichen Größen lässt sich für viele Zwecke zufriedenstellend erklären, warum eine geistige Leistung überdurchschnittlich, durchschnittlich oder gar nur unterdurchschnittlich ist: Es handelt sich um die Informationsverarbeitungsgeschwindigkeit, also Schnelligkeit der geistigen Vorgänge und um die Informationen, die wir gleichzeitig im Bewusstsein halten können und mit denen wir ohne Umwege unmittelbar geistig arbeiten können. Diese Größe heißt „Merkspanne". Auf Dauer ist es günstig, beide Größen zu üben, also die Informationsverarbeitungsgeschwindigkeit und die Merkspanne. Wir fangen mit zehn Übungsaufgaben für die Informationsverarbeitungsgeschwindigkeit an.

Es sind 15 M oder m. Wenn Sie Fehler gemacht haben, ist es bei aktivierenden Übungen nicht schlimm.

IVG 2: Aktivierung

Streichen Sie die zwei nebeneinander stehenden Ziffern durch, wenn sie gleich sind. Von oben nach unten. Eile ist nicht nötig. Auf ein paar Fehler kommt es nicht an.

56	45	88	91	73
77	00	66	46	44
90	11	57	77	28
22	42	99	52	11
38	45	26	44	06
99	72	11	08	32
21	66	43	22	41
00	48	52	16	55
78	33	70	88	12

IVG 3: Aktivierung

Aus den jeweils zwei untereinander stehenden Ziffern die jeweils unterschiedlichen Ziffern herausfinden und unterstreichen. Gemütlich, mit Spaß.

51031	→	17049	→	67458	→	07682	→	34721
51037		17029		69458		07681		34821
71368		45813		04731		86205		14792
72368		35813		04736		86285		14492
30691		91478		50396		70359		13865
30697		91479		50896		78359		73865

IVG 4: Aktivierung

Aus den jeweils zwei untereinander stehenden Buchstabenfolgen die jeweils unterschiedlichen Buchstaben herausfinden und unterstreichen. Gemütlich, mit Spaß.

LNOPR	→	NFAGW	→	EFGLT	→	ZRMTE	→	BGRYN
LNOBR		NFAKW		EVGLT		ARMTE		BGSYN
RVPCT		GJSDB		AGFBN		YOKHL		DGHPI
RVPST		BJSDB		AGFBM		YUKHL		DGHBI
KFSWE		HDEQW		LDCVJ		RCXYP		KJHMV
KFSVE		HDEKW		LDCVI		RCXUP		KJHMW

IVG 5: Aktivierung

Schnell mal auf Touren kommen. Die Zahl links können Sie rechts vier Mal finden: zwei Mal vorwärts und zwei Mal rückwärts. Sobald Sie die Zahl gefunden haben, markieren. Bitte in einer Ihnen angenehmen Geschwindigkeit. Auf ein paar Fehler kommt es nicht an.

3158	3897631588394895851342056402576483826513495089631580672085134
8304	0488304670491138945079840380489830497861232304948103904038383
6924	4764986924040982325798692442962765235962836682407123018234296
1732	5978601017323467237134768019184013470672106410767628237117325
7509	1051090577406046075093813076434083487648090574731017509103438

IVG 6: Aktivierung

Die Buchstaben links können Sie rechts vier Mal finden: zwei Mal vorwärts und zwei Mal rückwärts. Sobald Sie die Buchstaben gefunden haben, markieren. Bitte in einer Ihnen angenehmen Geschwindigkeit. Fehler sind erlaubt.

MKRI	RIMMKRIAORINGGKMNIHRONMIRKMRIMNMKRINOMAGFKF-KRINIMGRKNRIRKMKMK
ANFI	IOAINMANFIRIRNMFKFHONMANFIIFNAFOAHFKHNAFMK-AAMFIROGFKRGMFKIFNA
OHRN	GRHGRNRHOOIRARIAROHRNKMGKROAIKIRMKIMOAIMRN-RHOIOKGRGOHRNGRKIKM
KMNO	KMNOAKGONMKSNOHMHGKIFRHAIRFHONONMKM-FAHGFKINHRMNAKMNORAORMHGKI
GOKF	HNOMARGRGOKFKIAOFKOGKIOAMRGNGMIRGKIORAOF-GRAIGROAOAFMFKOGGOKFH

IVG 7: Aktivierung

Erst in den grauen Bereich schauen. Unter den Ziffern stehen Buchstaben. Diese sind im hellen Bereich den darüber befindlichen Buchstaben zuzuordnen.
Das Ganze gemütlich, damit es Spaß macht. Fehler spielen keine Rolle.

1	2	3	4	5	6	7	8	5	1	8	2	4	1	7	2	4	3	8	1	3	2	5	7	1
t	f	z	d	e	u	k	h																	
2	4	6	1	7	5	3	8	5	2	4	1	7	6	8	4	1	8	3	6	4	2	5	1	7
3	5	1	7	2	8	4	6	2	7	3	1	8	5	7	4	2	5	3	8	6	8	1	4	2

IVG 8: Aktivierung

Wie viele „N“ oder “n“ finden Sie im Text des folgenden Kastens? Suchen und unterstreichen Sie diese. Es eilt nicht. Nehmen Sie sich Zeit. Auf ein paar Fehler kommt es nicht an.

> Die Gesellschaft für Gehirntraining e. V. verfolgt nach ihrer Satzung ausschließlich und unmittelbar gemeinnützige Zwecke …
> Diese werden verwirklicht durch Unterstützung und Förderung von Maßnahmen zur Erhaltung und Erhöhung der geistigen Leistungsfähigkeit in jedem Lebensalter.
>
> Die GfG möchte also Maßnahmen zur Erhaltung und Erhöhung der geistigen Leistungsfähigkeit in jedem Lebensalter unterstützen und fördern. Um möglichst viele Menschen mit ihren Theorien und praktischen Maßnahmen zu erreichen, sollten diese weitestgehend verständlich und außerdem einfach sein. Sie haben es hoffentlich schon bemerkt.
>
> 1. „Von mehreren möglichen Erklärungen für ein und denselben Sachverhalt ist die einfachste Theorie allen anderen vorzuziehen.
>
> 2. Eine Theorie ist einfach, wenn sie möglichst wenige Variablen und Hypothesen enthält und wenn diese in klaren logischen Beziehungen zueinander stehen, aus denen der zu erklärende Sachverhalt logisch folgt.“

Es sind 92 N bzw. n.

IVG 9: Aktivierung

Wie viele „i“ finden Sie im Text des folgenden Kastens? Ein Teil der Wörter ist vorwärts, ein Teil rückwärts geschrieben. Suchen und unterstreichen Sie die „i“. Es eilt nicht. Nehmen Sie sich Zeit. Auf ein paar Fehler kommt es nicht an.

> Dies tsi nie Text zum gniniarT red Informationsverarbeitungsgeschwindigkeit. eiS sollen ella „I“ nednif dnu unterstreichen. nuT eiS seid aber gemütlich. nneD red Spaß soll nicht zu zruk nemmok.

IVG 10: Aktivierung

Wie viele „r“ oder „R“ finden Sie im Buchstabengewirr des folgenden Kastens? Suchen und kreisen Sie die „r“ bzw. „R“ ein. Es eilt nicht. Nehmen Sie sich Zeit. Auf ein paar Fehler kommt es nicht an.

> kjeldrupewkcxvbnmpudelrhgikdrelkhdjfdcvmbuaskgbhnepwirfgiavmyuzwerncghksdfo-pertnsdkltjnbexpqerzifglksgpbmcitzekxqpklabnmdirgklqwphnmsdfklcvgbhetrzugdenk-koguklabxmkhgptzdoksasfrutncmsdlkwqrpsdekcnklsdmcxoplsagfztldplgfsbcmyxzklm-qerpwzthsdklcmypkawredetijkxcmols

IVG 1: Hochleistung

Aus den jeweils zwei untereinander stehenden Zeichen jeweils das Zeichen herausfinden, das in der oberen Reihe fehlt und unterstreichen. Sie können unten in einer anderen Reihenfolge als die Zeichen darüber stehen. Arbeiten Sie so schnell Sie können!

137	→	492	→	720	→	641	→	209
718		149		271		165		028
268		417		729		316		526
863		724		720		164		672
486		074		592		624		791
856		807		562		425		916

IVG 2: Hochleistung

Aus den jeweils zwei untereinander stehenden Buchstaben die jeweils unterschiedlichen Buchstaben in der unteren Reihe herausfinden und unterstreichen. So rasch Sie können und ohne Fehler zu machen!

LNOPR	→	NFAGW	→	EFGLT	→	ZRMTE	→	BGRYN
LNOBR		NFAKW		EVGLT		ARMTE		BGSYN
RVPCT		GJSDB		AGFBN		YOKHL		DGHPI
RVPST		BJSDF		AGFBM		YUKHL		DGHBI
KFSWE		HDEQW		LDCVJ		RCXYP		KJHMV
KFSVE		HDEKW		LDCVI		RCXUP		KJHMW

IVG 3: Hochleistung

Aus den jeweils zwei untereinander stehenden Zeichen jeweils das Zeichen herausfinden, das in der oberen Reihe fehlt und unterstreichen. Sie können unten in einer anderen Reihenfolge als die Zeichen darüber stehen. Arbeiten Sie so schnell Sie können!

057	→	482	→	240	→	492	→	253
067		142		142		923		524
8641		4038		1732		9316		5926
1643		0486		7215		1649		6729
14806		62903		03152		29735		37291
31486		13902		56213		42957		91572
630715		602891		037152		297354		471963
316590		187602		325176		537914		916723

IVG 4: Hochleistung

Die Buchstaben, die in den grauen Feldern stehen, so schnell und richtig wie möglich in den hellen Feldern eintragen.

1	2	3	4	5	6	7	8	9	0	6	9	0	1	3	7	2	8	5	2	4	6	9	1	2
h	n	y	p	a	e	l	f	u	k															

4	5	7	1	9	2	0	6	3	5	2	1	0	7	6	8	2	9	7	0	3	5	1	4	2

IVG 5: Hochleistung

Die Zeichen der linken Spalte in dem rechten Zeichengewirr finden und einkreisen. Sie sind einmal vorwärts und einmal rückwärts geschrieben. Pro Zeile also zwei Kreise. Alles so schnell wie möglich und ohne Fehler zu machen. (Beispiel: siehe 1. Zeile)

372	86896902105384963922049273160237237298209421
561	58193029465610185050214869457826574858616533
031	67310503148694960859271406188975302546715130
zms	skzumwhfhanrnzmsickaldsmzblcavenritousjfgndjasjaq
urw	alrwufghdswrulkrsmvumfweavlewadzoewitzuurwwsur
7z3	2ks9tkg94kff33uw96g7jahr7z3jd3z7k7lcdkezlfkl43k7l7l
$R8	A&$()AF8$R8HZ/F$9§TRQ§$/K‘,$3578R$G$7BN&AW$5
469	219235673658639194996474691739050205828184959
TLD	GRDLTJKLPURWOAPLTZEDSEGJLILÖWQADGTLDVBHGS

IVG 6: Hochleistung

So schnell wie möglich die „s“ im nachfolgenden Fenster suchen und Fehler vermeiden!

> Die zentrale Informationsverarbeitungsgeschwindigkeit betrifft viele bewusste Prozesse: die Geschwindigkeit, mit der wahrgenommen wird, mit der gedacht oder kreiert sowie verglichen wird, mit der etwas dem Gedächtnis bewusst angeboten oder aus dem Gedächtnis abgerufen wird. Wegen ihrer Bedeutung für viele Vorgänge sollte die individuelle Informationsverarbeitungsgeschwindigkeit in Schuss gehalten oder sogar gesteigert werden.

Es sind 24 s.

IVG 7: Hochleistung

Wie oft finden Sie diese Figuren? ⬇ oder ✦
Nach dem Finden bitte unterstreichen. Sie dürfen immer wieder hoch schauen. Finden und unterstreichen Sie es so rasch wie möglich. Das Ganze, ohne Fehler zu machen.

✖✳✦✗✖▲⬇✚✳★✖ ✖✖✳★✗⬇✹✺★⬇✳
✶✳★✳✗✦⬇✳⅄✗✶✶⬇✖✳✶✱✳✦✶✗✖✳✦✳✶

Es sind 9 gesuchte Zeichen.

IVG 8: Hochleistung

So schnell wie möglich die „n“ und „N“ im nachfolgenden Fenster suchen und Fehler vermeiden!

> Um eine individuell maximale geistige Leistungsfähigkeit auf Dauer zu erhalten, ist es notwendig, spätestens nach 90 Minuten mentaler Betätigung zu entspannen, aber auch schon eher, nämlich wenn sich Unlustgefühle einstellen. Für das Herunterfahren bietet sich das mentale Relaxationstraining an.
>
> Durch diese Entspannungsmethode verschwinden ablenkende Missgefühle wie Ängste und Sorgen, die Gelassenheit, Freude sowie geistige Leistungsfähigkeit steigen.

Es waren 44 N oder n.

IVG 9: Hochleistung

Anweisung für die Übung: Streichen Sie bitte gleiche Buchstaben nebeneinander durch, so wie in der Anordnung des darüberstehenden Musters. Tun Sie dies so rasch wie möglich und ohne Fehler zu machen.

0 0	0 0	0 0	0 0 0	0 0 0
r k	b m	ww	n r v	z r z
n n	c g	p h	s g n	b b b
b p	g s	m p	r g n	p m s
r r	b b	r h	k k k	g e g
h s	b n	ff	s s s	p g s
p p	k k	r m	h r m	h h h
o n	x g	g b	h h h	i b p

IVG 10: Hochleistung

Anweisung für die Übung: Gleiche Ziffern in der Anordnung des darüberstehenden Musters durchstreichen. Dies in einer angenehmen Geschwindigkeit.

0 0	0	0	0 0 0	0 0
	0	0		0

5 4	2 9	0 2	3 5 8	8 5 9
3 3	2 2	6 0	1 7 3	2 8 2
2 6	7 1	0 6	5 7 3	6 2 1
5 5	8 2	5 0	4 4 4	7 4 7
0 1	2 8	8 5	1 1 1	6 7 1
6 6	4 1	5 8	0 5 8	0 5 0
8 3	1 7	8 2	0 0 0	0 2 6

Merkspannenübung 1: Aktivierung

Mit dieser Aufgabe können Sie Ihre Merkspanne erweitern und Ihre Grenzen austesten, wie viele Einzelheiten Sie bewusst managen können. Je mehr, desto größer die Chance, komplexe Sachverhalte zu verstehen. Leider ist die menschliche Beschränkung ernüchternd. Testen Sie sich aus! Bei vier bis fünf Einzelheiten ist für die meisten Erwachsenen Schluss.
Lesen Sie die unten stehenden Wörter laut vor. Nehmen Sie sich für jedes Wort ungefähr eine Sekunde lang Zeit. Sobald Sie am Ende einer Zeile angelangt sind, decken Sie die Wortreihe mit der Hand ab und schreiben sie sofort daneben.

FELD GOLD ....

TAL BUCH STIER ....

WALD MEER DORF BRETT ....

SAND KNECHT WALD SPEER LAND ....

WORT HAND WURF KALB STURM ZAUN ....

DRAHT ZWERG GRAS ZORN DAMM PFERD KRAFT ....

TIER KOST WIND ZAR RAUM STALL BAHN DILL ....

Merkspannenübung 2: Aktivierung

Im Kopf rückwärts buchstabieren: Stellen Sie sich ein beliebiges Wort vor und buchstabieren Sie es rückwärts, also von hinten nach vorne. T A L wird zu L A T. Beginnen Sie mit kurzen Wörtern. Diese können dann immer länger werden, z. B. H U N D, danach K A T Z E, B E R L I N usw.

Sie werden bei mehr als fünf oder sechs Buchstaben erleben, dass eine einzige Merkspanne nicht mehr ausreicht. Sie müssen mehrfach, d. h. mit einer neuen Merkspanne ansetzen und dabei Zwischenlösungen im Gedächtnis festhalten. Beispiel: B A U M R I N D E.

Merkspannenübung 3: Aktivierung

Wie oft finden Sie diese grünen Figuren? ⬇ oder ✖ oder ✚ oder ×
Nach dem Finden bitte unterstreichen. Sie dürfen immer wieder hoch schauen. Das Ganze gemütlich, damit es Spaß macht.

✖✳✦×✖▲⬇✚✳★◼✖✖✳★×⬇✹✺★⬇✳
★✳★✳×✦⬇✳⅄×✶✬⬇✖✳✬✱✳✦✶×✖✳✦✳✶

Merkspannenübung 4: Aktivierung

Schauen Sie sich in jeder der folgenden Zeilen die dort stehenden Wörter nacheinander an. Widmen Sie jedem Wort nur etwa 1 Sekunde. Decken Sie die Zeile dann mit einer Hand ab und schreiben Sie die Wörter in der gesehenen Reihenfolge gleich anschließend dahinter oder wiederholen Sie die Wörter im Kopf:

MAUS – KOHL..

STERN – MUND...

GOLD – HERD – WIND..

FACH – DORF – DICHT...

WAND – KRIEG – SCHLOSS..

KIND – STERN – ROST – ZWIRN...

PARK – STILL – WALD – SCHAF...

STAMM – KIEL – BERG – STOFF..

RING – WALD – CHROM – ZIEL – SENF...

LURCH – WIRT – HALT – WERK – ZELT...

HAND – FORST – KRAM – ZORN – BREI – RUCK.....................................

TEIL – NEU – VIEL – DOM – STAHL – RIND...

Merkspannenübung 5: Aktivierung

Schauen Sie sich in jeder der folgenden Zeilen die Buchstaben nacheinander an. Widmen Sie jedem Buchstaben nur etwa 1 Sekunde. Decken Sie die Zeile dann mit einer Hand ab. Wiederholen Sie gleich anschließend die Buchstaben aus dem Kopf:

	Buchstabenreihen
A	B L D O
B	D M C X E
C	V A T N B L
D	S Q A P X O K
E	H N E B M X U D
F	K F X T P M R V G

Merkspannenübung 6: Aktivierung

Gehen Sie die folgenden Zeilen von oben nach unten durch. Schauen Sie sich in jeder der Zeilen die dort stehenden Buchstaben nacheinander an. Widmen Sie jedem Buchstaben nur etwa 1 Sekunde. Decken Sie dann die Zeile ab und schreiben Sie die Buchstaben in der gesehenen Reihenfolge gleich anschließend dahinter.

M - F - R...

R - H - D - O...

U - G - L - H - W...

B - T - R - F - N...

I - W - D - Z - G - C...

K - N - T - Z - W - H - E...

P - T - S - V - U - F - R - M...

K - Q - A - T - B - N - C - S - W..

Merkspannenübung 7: Aktivierung

Im Kopf rückwärts buchstabieren: Stellen Sie sich ein beliebiges Wort mit zwei oder drei Buchstaben vor und buchstabieren Sie es rückwärts, also von hinten nach vorne. EI wird zu IE, HUT wird zu TUH.

Nehmen Sie dann ein Wort mit vier Buchstaben, z. B. KIEL → LEIK.

Setzen Sie dann mit weiteren Vier-Buchstabenwörtern fort und nehmen Sie schließlich sogar Wörter mit fünf oder gar sechs Buchstaben.

Tun Sie dies mit Freude. Auf ein paar Fehler kommt es nicht an.

Merkspannenübung 8: Aktivierung

Schauen Sie sich in jeder der folgenden Zeilen die dort stehenden Ziffern nacheinander an. Widmen Sie jeder Ziffer nur etwa 1 Sekunde. Decken Sie die Zeile dann mit einer Hand ab und wiederholen Sie gleich anschließend die Ziffern aus dem Kopf:

Ziffernreihen
4 7 1 8
8 1 5 3 7
6 1 9 5 3 2
3 4 7 5 2 6 8
5 1 3 9 7 6 4 0
2 7 1 5 6 0 9 4 6 3

Merkspannenübung 9: Aktivierung

Schauen Sie sich in jeder der folgenden Zeilen die dort stehenden Buchstaben nacheinander an. Widmen Sie jedem Buchstaben nur etwa 1 Sekunde. Decken Sie die Zeile dann mit einer Hand ab. Wiederholen Sie gleich anschließend die Buchstaben aus dem Kopf:

Buchstabenreihen
P N D V
K F Z R I
D W P L N Q
U G B V H T C
Z F L G N O W P
I B G M L P V S J

Merkspannenübung 10: Aktivierung

Schauen Sie sich in jeder der folgenden Zeilen die Buchstaben nacheinander an. Widmen Sie jedem Buchstaben nur etwa 1 Sekunde. Decken Sie die Zeile dann mit einer Hand ab. Wiederholen Sie gleich anschließend die Buchstaben aus dem Kopf:

Buchstabenreihen
L R T N
G W E Z B
N R F K O Q
E M D W N C D
T V M F R U B X
R T K N F G W P D

Merkspannenübung 1: Hochleistung

Wie oft finden Sie diese grünen Figuren? ↓ oder ✖ oder + oder × oder ✳
Nach dem Finden bitte unterstreichen. So schnell wie möglich. (Sie sind am schnellsten, wenn Sie die gesuchten fünf Figuren im Kopf behalten).

✖ ✳ ✦ × ✖ ▲ ↓ + ✳ ★ ✖ ✖ ✖ ✳ ★ × ↓ ⬣ ✳ ★ ↓ ✳
★ ✳ ★ ✳ × ✦ ↓ ✳ ⅄ × ✷ ✳ ↓ ✖ ✳ ★ ✱ ✳ ✦ ✶ × ✖ ✳ ✦ ✳ ✷

Merkspannenübung 2: Hochleistung

Im Kopf Buchstaben in die alphabetische Reihenfolge bringen: Stellen Sie sich ein beliebiges Wort mit 5 oder 6 Buchstaben vor.

Beispiel: T U L P E -> E L P T U, G E I S T I G -> E G G I I S T.

Nehmen Sie sich ungefähr 12 solcher Wörter vor.

Merkspannenübung 3: Hochleistung

Im Kopf rückwärts buchstabieren: Stellen Sie sich ein beliebiges Wort mit fünf oder sechs Buchstaben vor und buchstabieren Sie es im Kopf rückwärts, also von hinten nach vorne. TALER wird zu RELAT, BERLIN wird zu NILREB.
Versuchen Sie schnell zu sein und alles richtig zu machen.

Merkspannenübung 4: Hochleistung

Im Kopf den benachbarten Buchstaben wählen: Stellen Sie sich wieder ein beliebiges Wort vor, nicht zu lang. Zum Beispiel: OLIVE oder BRETT.
Ordnen Sie jedem der Buchstaben im Kopf den Buchstaben zu, der im Alphabet folgt (Regel: dem Z folgt A).

> Im 1. Beispiel: OLIVE -> PMJWF
>
> Im 2. Beispiel: CSFUU. Zur leichteren Kontrolle, ob es richtig ist, können Sie das Ergebnis auch aufschreiben.
>
> Bearbeiten Sie rasch und möglichst fehlerlos 12 Wörter hintereinander.

Eine Abwandlung der Aufgabe. Sie lautet nun: den im Alphabet davor liegenden Buchstaben einsetzen. Beispiel: WOLKEN -> VNKJDM. Für A wird Z eingefügt.
Bearbeiten Sie rasch und möglichst fehlerlos 12 Wörter hintereinander.

Merkspannenübung 5: Hochleistung

Schauen Sie sich in jeder der folgenden Zeilen die Wörter nacheinander an. Widmen Sie jedem Wort nur etwa 1 Sekunde. Decken Sie die Zeile dann mit einer Hand ab. Wiederholen Sie gleich anschließend die Wörter aus dem Kopf. Alles möglichst ohne Fehler!

Buchstabenreihen

BALL NEU DRAHT SCHLOT TÜR

PFERD BOX KREUZ FELL ZUG

DURST WALL PAUL LOCH TEE

AUS GRAB VIEL HUT SCHNEE

ZORN FALL GROB NIL ORT

KIND BERG GURT MÜLL AST

ROST FELL GARN NULL ART PRACHT

GIFT BURG GRAT ALL ORT BUCH

Merkspannenübung 6: Hochleistung

Schauen Sie sich in jeder der folgenden Zeilen die Wörter nacheinander an. Widmen Sie jedem Wort nur etwa 1 Sekunde. Decken Sie die Zeile dann mit einer Hand ab. Wiederholen Sie gleich anschließend die Wörter aus dem Kopf. Alles in einer angenehmen Geschwindigkeit. Alles möglichst ohne Fehler!

Buchstabenreihen

BALL NEU DRAHT

KREUZ FELL ZUG

DURST WALL PAUL LOCH

AUS GRAB VIEL HUT

ZORN FALL GROB NIL ORT

KIND BERG GURT MÜLL AST

ROST FELL GARN NULL ART PRACHT

GIFT BURG GRAT ALL ORT BUCH

Merkspannenübung 7: Hochleistung

Schauen Sie sich in jeder der folgenden Zeilen die Wörter nacheinander an. Widmen Sie jedem Wort nur etwa 1 Sekunde. Decken Sie die Zeile dann mit einer Hand ab. Wiederholen Sie gleich anschließend die Wörter aus dem Kopf. Alles in einer angenehmen Geschwindigkeit. Fehler sind erlaubt!

Buchstabenreihen
BALL NEU DRALL ZWECK
KRANZ FELL ZUG SAMT
FRIST DORT WALL PASS LOCH
MOHN AUS GRAB VIEL HUT
ZWIRN FALL GROB NUT AST
KINN BERG GURT MÜLL ART
RAST GRILL KALT VOLL AKT PRACHT
KIND BERG GRAS ALL ECK BACH

Merkspannenübung 8: Hochleistung

Zuerst links etwa 4 bis 5 Sekunden jede Zeile anschauen. Dann links mit einer Hand abdecken.

Welches Zeichen / Zeichenfolge stand an der Stelle von „?“ ?

4 7 2 0	- ? - - -
9 6 0 5 8	- - - - ? -
U M D K L	- - ? - -
GOT REL KAF HOK	- - - ?
TIS MAB ZAM POR	- ? - -

Merkspannenübung 9: Hochleistung

Anweisung: In jeder Buchstabenzeile ist das vorne angegebene Wort versteckt. Es kann vorwärts oder rückwärts geschrieben sein. Finden Sie es schnell und unterstreichen Sie es. Begehen Sie keine Fehler!

BRAIN	GORTPRUNKNIARBSLGOPWEFLSIUIDXEINNE
TUNING	HERBLITZFORTIBAUTUNINGKREUZKOLLERB
IST	ZURJKOTSIMONDQERXCUIOWASSERGORIN
DER	DERPROTYORKGURTKRAUTLOKOMOTIONFU
POPULÄRE	AKLRASTERPOLWIRTPOPULÄREZUGKRAFTE
AUSDRUCK	RUKCURDSUAGERDKOHPLANENGROSSFUR
FÜR	TREOLENTÜRFÖHRENFÜRTARTARENKÜHNE
ARBEITSSPEICHER	WISSENKORTGEFALLENARBEITSSPEICHER
MANAGEMENT	MANDATTNEMEGANAMTOPINAMPURNANGA

Merkspannenübung 10: Hochleistung

Fügen Sie unter den oben stehenden Ziffern so rasch wie möglich die Buchstaben ein, die im grau schraffierten Bereich darunter stehen, für beispielsweise 4 ein r. Gehen Sie dabei der Reihe nach von links nach rechts vor. Und bitte keine Fehler machen!

1 2 3 4 5 6 7 8 5 1 8 2 4 1 7 2 4 3 8 1 3 2 5 7 1

d z q r u p h k

2 4 6 1 7 5 3 8 5 2 4 1 7 6 8 4 1 8 3 6 4 2 5 1 7

3 5 1 7 2 8 4 6 2 7 3 1 8 5 7 4 2 5 3 8 6 8 1 4 2

Entspannungsübung

Um eine individuell maximale geistige Leistungsfähigkeit auf Dauer zu erhalten, ist es notwendig, spätestens nach 90 Minuten mentaler Betätigung zu entspannen, aber auch schon eher, wenn sich Unlustgefühle einstellen. Für das Herunterfahren bietet sich das mentale Relaxationstraining an.

Durch diese Entspannungsmethode verschwinden ablenkende Missgefühle wie Ängste und Sorgen. Hingegen steigen gleichzeitig Freude sowie die geistige Leistungsfähigkeit.

Mentale Relaxation soll die Informationsverarbeitungsgeschwindigkeit und Merkspanne herunterfahren. Dazu haben sich informationsarme, einfache und langsame Reize bewährt.

Wie führt man mentale Beruhigung durch? Grundlage des Trainings ist die mühelose stille Wiederholung von einer sinnfreien Doppelsilbe wie „en-ding" oder "an-om" bei geschlossenen Augen. Es können bei jeder Übung dieselben Wörter genommen werden. Dies hat den Vorteil, dass die Entspannung mit der Übung immer schneller eintritt. Auch wenn die Zweisilber nur stumm gesprochen werden, ist es wichtig, dass sie sich – wie der Diplom-Psychologe Peter Sturm und die Arzthelferin und GfG-Trainerin Birgit Wosnitza mitteilen - mühelos aussprechen lassen und nicht mit starken Bewegungen von Zungenspitze, Lippen und Kehlkopf einhergehen. Aus diesem Grund sind Silben mit den Lauten u und z weniger geeignet.

Rechnen und Gedächtnistraining

Tipps vom elffachen Rechenweltmeister Dr. Dr. Gert Mittring

An dieser Stelle möchte ich Ihnen eine Übung vorstellen, die Ihr Gedächtnis und zugleich Ihre Rechenfertigkeiten verbessert.

Grundsätzlich gibt es zwei Hauptstrategien, mit denen das Lernen von Informationen aus allen erdenklichen Disziplinen viel einfacher und schneller geht, egal ob Sprachen, Geschichte, Naturwissenschaften, Philosophie oder Mathematik:

» ***Erstens: Man behält Zahlen viel besser, wenn man sich individuelle und kreative Assoziationen mit persönlichen Bildern oder Gegenständen der zu lernenden Sachverhalte schafft.***
Beispiel: Lerne „7442". Es hilft die Assoziationsmöglichkeit: Sieben (7) auf Stühlen (4) sitzende Philosophen diskutieren über den Sinn des Lebens (42).

» ***Zweitens: Um das reine „Auswendiglernen" zu umgehen, hat sich die Suche nach Regeln bewährt.***
Beispiel: Die Fingermathematik, die das Multiplizieren zweier zweistelliger Zahlen im Kopf erleichtert (Näheres dazu finden Sie in meinem Buch ‚Fit im Kopf', Fischer Verlag).

Ich persönlich finde die 2. Strategie spannender, weil die Suche nach Regeln sich wie eine abwechslungsreichere „Reise" gestaltet.

Jetzt zur Übung:

Die Übung ist eher in Richtung Strategie 2 einzuordnen.

In dieser (Gedächtnis-)Übung geht es um das ***Auffinden sogenannter ‚Primschäfchen'*** als entspanntes Gute-Nacht-Spiel. Primschäfchen stehen für Primzahlen, die sich nur durch 1 und sich selbst ohne Rest teilen lassen (2, 3, 5, 7 usw.).

Wahl des Zählbereiches: Je nach Kenntnisstand nehmen wir ein Zehnersegment weiter vorne (zum Beispiel von 10 bis 20) oder weiter hinten (zum Beispiel von 120 bis 130).

Wir wählen den Bereich von 50 bis 60 und beginnen die Schafe zu mustern, in dem wir die Zerlegung dieser Zahlen in „sogenannte Primfaktoren" angeben. (Mit Primfaktoren sind ganz einfach Primzahlen gemeint. Die Zerlegung 6 = 2 x 3 besteht aus den Primfaktoren 2 und 3.)

Ein wenig „Teilbarkeitswissen“ ist sehr hilfreich.

„Durch 2 ohne Rest teilbar“: Die Einerstelle der Zahl (zum Beispiel 50) muss 0, 2, 4, 6 oder 8 sein, damit die Zahl insgesamt ohne Rest durch 2 teilbar ist – bzw. gerade ist. Die Zahl 50 hat die Einerstelle 0 und ist deshalb gerade bzw. ohne Rest durch 2 teilbar.

„Durch 3 ohne Rest teilbar“: Die Quersumme der Zahl (zum Beispiel 51) muss ein Vielfaches von 3 sein (3, 6, 9, 12, usw.), damit die Zahl insgesamt ohne Rest durch 3 teilbar ist. Die Quersumme von 51 ist 5 + 1 = 6. 6 (= 2 x 3) ist ein Vielfaches von Drei. Deshalb ist auch 51 ein Vielfaches von 3.

„Durch 5 ohne Rest teilbar“: Die Einerstelle der Zahl (zum Beispiel 50) muss 0 oder 5 sein, damit die Zahl insgesamt ohne Rest durch 5 teilbar ist. Die Zahl 50 hat die Einerstelle 0 und ist deshalb ohne Rest durch 5 teilbar.

Weiteres Teilbarkeitswissen kann im Buch ‚Fit im Kopf‘ gefunden werden.

Wir starten mit der 50:

50: Ist gerade, also durch 2 teilbar – es bleibt 25 (50 : 2 = 25) übrig. Die Quersumme (5 + 0 = 5 bzw. 2 + 5 = 7) ist kein Vielfaches von 3 – daher ist 50 bzw. 25 kein Vielfaches von 3. 25 endet auf 5 und ist deshalb ein Vielfaches von 5. 25 ist sogar die Quadratzahl der 5 (5 x 5 = 25). ***➔50 = 2 x 5 x 5 ➔kein Primschaf.***

51: Ist nicht gerade, also nicht ohne Rest durch 2 teilbar. Die Quersumme der Zahl 51 ist 6 (5 + 1 = 6). 6 ist ein Vielfaches von 3 (6 = 2 x 3). Deshalb ist 51 ein Vielfaches von 3. 51 : 3 = 17. Die Quersumme der Zahl 17 ist 8 (1 + 7 = 8). 8 ist kein Vielfaches von 3. Deshalb ist auch 17 kein Vielfaches von 3. Die nächste Primzahl nach 3 ist die 5. 5 x 5 ist größer als 17. Daher ist 17 eine Primzahl. ***➔51 = 3 x 17➔ kein Primschaf.***

52: Ist gerade, also durch 2 teilbar – es bleibt 26 (52 : 2 = 26) übrig. 26 ist gerade, also durch 2 teilbar – es bleibt 13 (26 : 2 = 13) übrig. Die Quersumme der Zahl 13 ist 4 (1 + 3 = 4). 4 ist kein Vielfaches von 3. Deshalb ist auch 13 kein Vielfaches von 3. Die nächste Primzahl nach 3 ist die 5. 5 x 5 ist größer als 13. Daher ist 13 eine Primzahl. ***➔52 = 2 x 2 x 13 ➔kein Primschaf.***

53: Ist ungerade, also nicht ohne Rest durch 2 teilbar. Die Quersumme der Zahl 53 ist 8 (5 + 3 = 8). 8 ist kein Vielfaches von 3. Deshalb ist auch 53 kein Vielfaches von 3. 53 endet auf 3 und ist deshalb kein Vielfaches von 5. 53 ist auch kein Vielfaches von 7 (53 = 7 x 7 + 4). Das Quadrat der nächsten Primzahl nach 7 (11) ist deutlich größer (11 x 11 = 121) als 53. ***Deshalb ist 53 eine Primzahl. ➔Primschaf***

Die Zahlen von 54 bis 60 möchte ich Ihnen überlassen. Ich gebe nur die Lösungen an, die Sie mit Ihren vergleichen können. Probieren Sie erst mal, bevor Sie sich meine Lösungen anschauen. Viel Spaß!

54 = 2 x 3 x 3 x 3
55 = 5 x 11
56 = 2 x 2 x 2 x 7
57 = 3 x 19
58 = 2 x 29
59 = 59 ➔ Primschaf
60 = 2 x 2 x 3 x 5

Gerne können Sie sich Ihren Lieblings-Zehnerbereich aussuchen, bevor Sie schlafen gehen. Ich versichere Ihnen, diese Übung hält Sie mental fit und Sie steigern sich schon nach wenigen Tagen erheblich im Kopfrechnen. Und wenn es diesmal mit dem richtigen Rechnen noch nicht geklappt – wenn Sie das ABBD-Modell anwenden, klappt es bestimmt.
Viel Spaß beim Rechnen!

Ihr Gert Mittring

3.
Das IQ- Bewegungsprogramm

„Mens sana in corpore sano", denn ein gesunder Geist möge in einem gesunden Körper sein, so eine lateinische Redewendung. Wissenschaftlich ist heute erwiesen, dass körperliche Betätigung die Sauerstoffzufuhr erhöht und die Bildung des Proteins BDNF (Brain-Derived Neurotrophic Factor) fördert. Dieses Protein-Molekül ist hauptsächlich in den für Gedächtnis und abstraktes Denken zuständigen Arealen aktiv, schützt Gehirnzellen und unterstützt wesentlich deren Neubildung. Jede Muskelaktivität bringt also nicht nur den Körper und Geist auf Trab, sondern hilft auch dabei, das Gehirn zu trainieren, mit zusätzlichem Sauerstoff zu versorgen und Neuronen nachwachsen zu lassen. Körperliche Aktivität, ganz gleich, ob im Bereich Ausdauersport oder im Bereich von Koordinations- und Bewegungsübungen, geht Hand in Hand mit geistiger Fitness. Die Nervenzellen werden stimuliert, das Gehirn mit frischem Sauerstoff versorgt und Ihre Gedanken erhalten einen Energieschub. Dadurch kann die geistige Fitness gesteigert werden. Sehr positiv sind die Effekte, wenn zeitgleich zu sportlicher Aktivität auch die Gehirnaktivität mit speziellen Übungen gefordert wird, wie zum Beispiel beim Mental Nordic Walking oder beim Brain-Walking.

Für jede Weiterentwicklung der Gehirnstrukturen, ganz gleich von welcher Ausgangsbasis, ist es wichtig, dem Kopf immer wieder neue Bewegungsimpulse zu geben. Dafür haben wir Ihnen hier 15 erprobte und getestete Übungen zusammengestellt, die sich zum Teil in Schwierigkeitsstufe und Tempo beliebig variieren lassen. So werden alle Anforderungen an ein langfristiges Training für unseren Denkapparat erfüllt und es wird dafür gesorgt, dass der Stresslevel sinkt. Viele Übungen können am Arbeitsplatz oder in der Pause durchgeführt werden und verbessern die Konzentrationsfähigkeit und die Leistung des Gehirns. Spezielle Geräte sind dafür nicht erforderlich. Im 7-Tage-Programm haben wir beispielhafte Übungen für Sie integriert.

Übrigens: Zum Zeitpunkt der Geburt weist das menschliche Gehirn mehr als einhundert Milliarden Nervenzellen auf, die jedoch erst dann funktionsfähig sind, wenn sie miteinander verknüpft werden. Die Hirnforschung zeigt, dass Muskelaktivitäten und speziell koordinierte Bewegungen zur Produktion von Neurotrophinen («Nervennährstoffe») führen, die das Wachstum von Nervenzellen anregen und die Anzahl neuronaler Verbindungen vermehren.

Auswahl an Bewegungsübungen

1998 gelang dem englischen Forscher Marc Moss der Nachweis, dass Bewegung und ein hoher Sauerstoffspiegel im Blut den Glukosetransport in die Nervenzelle und den Glukosestoffwechsel in der Nervenzelle erhöht und damit eine Voraussetzung zur Erhöhung der geistigen Leistungsfähigkeit schafft.
Im Folgenden stellen wir Ihnen nun 15 Bewegungsübungen vor, mit denen Sie Ihr Gehirn stimulieren und dessen Sauerstoffversorgung fördern können.

Bewegungsübung 1:
Ruhige-Planke (Unterarmstütz)

In der Bauchlage auf beide Unterarme stützen. Rumpf-, Gesäß- und Beinmuskeln anspannen, Beine völlig ausstrecken und den Boden nur noch mit den Zehenspitzen berühren. Diese Stellung halten. Jetzt langsam ein Bein eine Fußlänge vom Boden abheben und in dieser Stellung ca. 12 – 15 Sekunden verharren. Körperspannung beibehalten. Bein langsam senken und mit dem anderen Bein fortfahren. 3 – 5 Wiederholungen pro Seite.

Bewegungsübung 2:
Fokus-Starter (Hüftbeugemuskel)

In den Halbkniestand gehen, d.h. mit einem Knie auf den Boden, das andere Bein wird so nach vorn gestellt, dass Unterschenkel und Oberschenkel im rechten Winkel zu einander stehen. Die Ferse des hinteren Beines wird leicht nach außen gedreht. Jetzt das Becken aufrichten, dabei die Lendenwirbelsäule nach hinten rund machen. Kein Hohlkreuz bilden. Das Becken so weit nach vorne schieben (Hüfte strecken), bis ein Dehngefühl in der Leiste auf der Seite des nach hinten gestellten Beines entsteht. Seitenwechsel, Dehnung pro Seite 12 – 15 Sekunden halten, 3 – 4 Wiederholungen pro Seite.

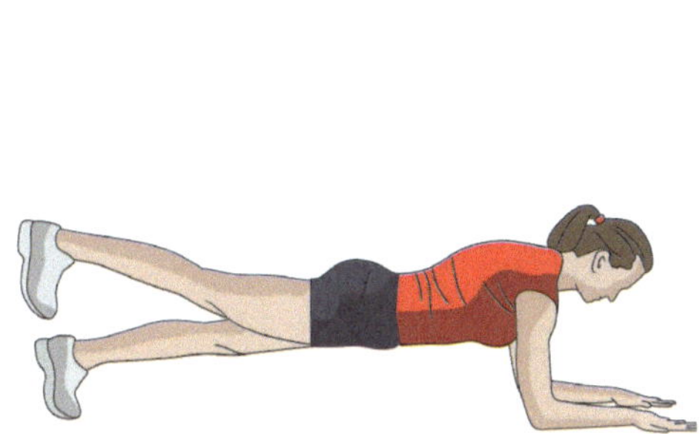

Bewegungsübung 3: Mentaler-Gleichgewichts-Seitstütz

In der Seitenlage zunächst Rumpf-, Gesäß- und Beinmuskulatur anspannen. Jetzt auf den Unterarm stützen, das Becken nach oben drücken, so dass nur noch Füße und Unterarm Kontakt mit dem Boden haben. Rumpfspannung halten und nicht mit dem Becken absinken. Diese Stellung 20 Sekunden halten, dann Seitenwechsel. 3 – 5 Wiederholungen pro Seite.

Bewegungsübung 4: Blitz-Ski-Abfahrtslauf

Die Beine hüftbreit auseinander stellen und in die Kniebeuge gehen. Der Winkel zwischen Ober- und Unterschenkel darf nicht kleiner als ein rechter Winkel sein. Das Becken kippen und mit geradem Rücken den Schwerpunkt so weit nach vorne verlagern, bis ein Druck auf dem Vorfuß entsteht. Diese Position halten und leicht in den Knien wippen. Beginnen Sie mit 15 Sekunden Belastung und steigern Sie sie täglich. Ziel: Übung zwei Minuten durchhalten.

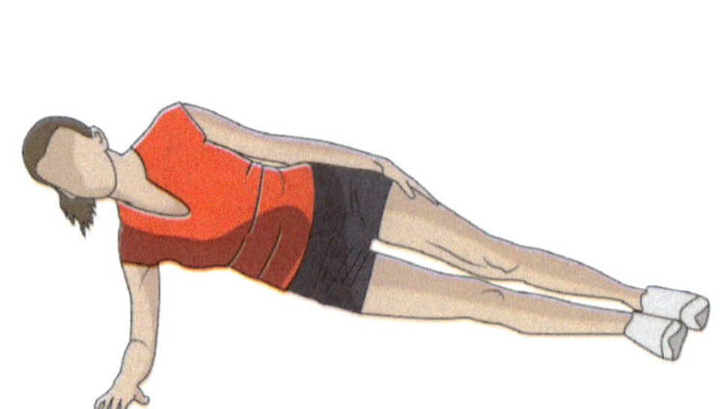

Bewegungsübung 5:
Geistiger-Hopser (Hopserlauf)

(mit Steigerung der Arm- und Beinbewegung) Springen Sie mit dem linken Bein ab, heben dabei den linken Arm nach vorne diagonal nach oben, das rechte Bein wird im Sprung angewinkelt bis auf Hüfthöhe angehoben, der rechte Arm pendelt leicht angewinkelt nach hinten oben. Sie landen wieder auf dem linken Bein, wechseln auf das rechte und beginnen von vorn. Langsam beginnen, Absprungkraft und Armbewegung langsam steigern.

Bewegungsübung 6:
Wissens-Balance (Gleichgewicht und Koordination)

Einbeinstand, Knie des Standbeines leicht beugen. Den Schwerpunkt des Körpers auf den Vorfuß verlagern. Jetzt mit dem hängenden Bein einen Kreis oder eine Acht in der Luft beschreiben. Das Knie des Standbeines dabei in der Körperlängsachse halten. Übung zunächst mit offenen, dann mit geschlossenen Augen durchführen. Übung ca. 15 Sekunden durchführen, Seitenwechsel. Pro Seite 3-mal wiederholen.

Bewegungsübung 7:
Wendiges-Köpfchen (Nackenmuskulatur)

Übung im Schneidersitz oder auf einem Stuhl sitzend durchführen. Linken Arm nach außen gedreht nach hinten abstützen oder festhalten. Jetzt den Kopf nach vorne beugen, zur rechten Seite neigen und nach rechts drehen (unter die Achsel schauen). Mit der rechten Hand den Kopf in dieser Position halten. Dann den Kopf vorsichtig soweit rüber ziehen, bis ein leichtes Dehngefühl im Bereich des linken seitlichen Nackens entsteht. Seitenwechsel, Dehnung pro Seite 12 – 15 Sekunden. 3 – 4 Wiederholungen pro Seite.

Bewegungsübung 8:
Pause für die Schaltzentrale (Wirbelsäulendehnung)

Rücklings gestreckt auf den Boden legen. Ein Bein 90° zum Körper bewegen und langsam auf der Gegenseite ablegen. Gleichseitiger Arm gestreckt zur Seite. Dehnung der Wirbelsäule.

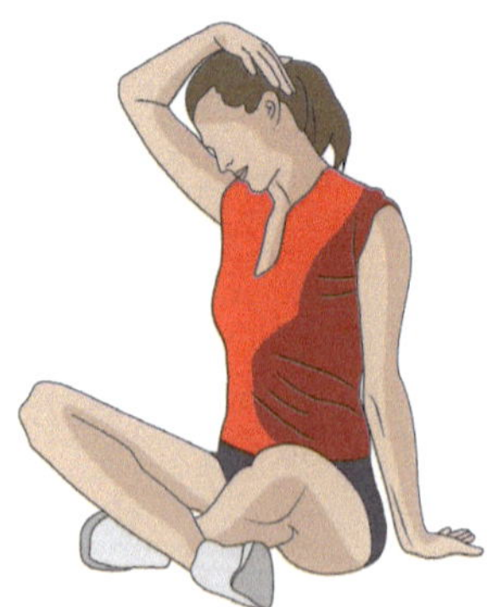

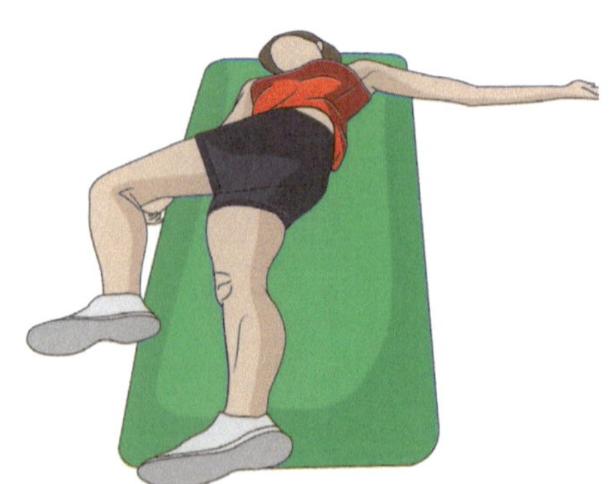

Bewegungsübung 9: Entspannungs-Drehsitz

Sitzende Position. Ein Bein gestreckt nach vorne. Das andere Bein kreuzt angewinkelt das liegende Bein. Mit dem Gegenarm leichten Druck am Knie des angewinkelten Beines ausüben. Dehnung Oberschenkelaußenseite und Gesäßmuskel.

Bewegungsübung 10: Scharfsinn-Spannung (Beindehnung)

Ein Bein gestreckt nach vorne und Fußspitze anziehen. Das andere Bein angewinkelt, Unterschenkel nach innen. Hand berührt Fußspitze und zieht sie sanft nach hinten. Dehnung Oberschenkelrückseite und unterer Rücken.

Bewegungsübung 11: Mobiler-Pfiffikus (Mobilisierung über Kopf)

Ein Thera-Band (benutzerdefinierte Stärke) zwischen die beiden Hände spannen. Gestreckte Arme etwas weiter als schulterbreit vor dem Körper halten. Nun langsam über den Kopf führen. Arme bleiben gestreckt. Das Thera-Band anschließend weiter hinter den Rücken ziehen. Wichtig: dabei den Bauch anspannen und ein gerader Rücken. Mobilisation der Arme, Schultern und des Nackens sowie des Brustbeins und der Brustwirbelsäule.

Bewegungsübung 12: Akrobatischer-Vierfüßler (Gesäß-Stabilisierung)

Im Vierfüßlerstand ein Bein gebeugt anheben und langsam nach oben und unten bewegen. Gesäß anspannen und auf einen geraden Rücken achten. Danach wechseln.

Bewegungsübung 13: Pfiffige Brücke (ganzheitliche Stabilisierung)

Die obere Liegestützposition (oder auch Körperbrett genannt) auf einem Pezziball halten. Arme möglichst gestreckt. Alles anspannen. Kopf in Verlängerung der Wirbelsäule. Beansprucht auch tiefliegende Muskulatur.

Bewegungsübung 14: Nerven-Rolle (Bauch- und Hüftmuskulatur Stabilisierung)

Mit den Schienbeinen auf den Pezziball und mit den Händen und gestreckten Armen auf dem Boden abstützen. Kopf in der Verlängerung der Wirbelsäule. Gesäß und Bauch anspannen. Nun die Beine mit dem Pezziball in Richtung Brust ziehen. Versuchen, mit den Fersen das Gesäß zu berühren. Kräftigt vor allem die Bauch- und Hüftmuskulatur.

Bewegungsübung 15:
Gesäß-Aktivator (Gesäßkräftigung)

In Rückenlage auf den Boden legen. Unterschenkel auf einem Pezziball ablegen. Arme liegen gestreckt neben dem Körper. Nun das Becken anheben, so dass der Rumpf und die Beine eine Ebene bilden (statisch). Je nach Schwierigkeitsgrad kann man abwechselnd ein Bein anheben, kurz halten und wieder ablegen.

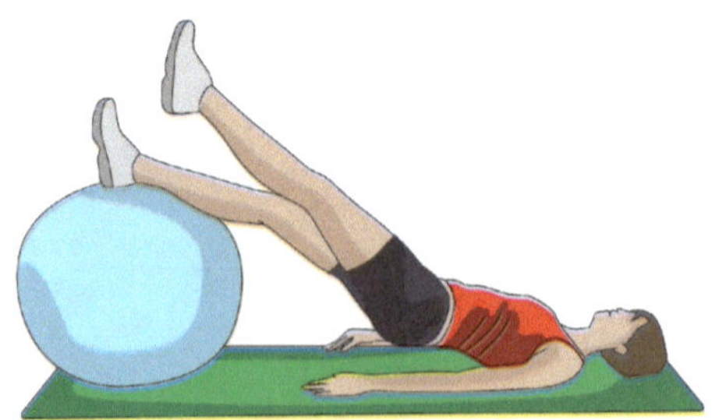

Das komplette Programm im Überblick

Tag 1 bis Tag 7 im Überblick

Konkrete namentliche Integration der Rezepte, der beispielhaften Bewegungsvorschläge und der in den Tagesablauf integrierbaren konkreten Vorschläge der mentalen Übungen. Tagesplan mit konkreten Vorschlägen aus dem Praxisteil. Für die Ernährung ein Frühstücksvorschlag, zwei Vorschläge für die Zwischenmahlzeiten und zwei größere Mahlzeiten. Konkrete MAT, AMT und MRT-Übungen aus dem Praxisteil, die ebenfalls als Vorschlag zeitlich in den Tagesplan integriert werden.

TAG 1

2.030 kcal

FRÜHSTÜCK

Denk-Muskel-Müsli
(570 kcal), Seite 43

IVG 4
Aktivierung, Seite 96

Bewegungsübung 2
Fokus-Starter, Seite 121

1. ZWISCHENMAHLZEIT

Gedächtnis-Trunk
(120 kcal), Seite 55

IVG 3
Hochleistung, Seite 95

Entspannungsübung
Seite 114

MITTAGESSEN

Schaltzentralen-Tortilla
(530 kcal), Seite 83

Bewegungsübung 6
Wissens-Balance, Seite 123

2. ZWISCHENMAHLZEIT

Nervennahrung
(310 kcal), Seite 64

ABENDESSEN

Leistungs-Rakete
(270 kcal), Seite 71 und

Körper und Geist
(230 kcal), Seite 89

Merkspannenübung 1
Aktivierung, Seite 104

Merkspannenübung 3
Hochleistung, Seite 110

Entspannungsübung
Seite 114

TAG 2

1.990 kcal

FRÜHSTÜCK

Pfiffiger Vollkorntoast
(440 kcal), Seite 51

IVG 7
Aktivierung, Seite 97

Bewegungsübung 13
Pfiffige-Brücke, Seite 127

1. ZWISCHENMAHLZEIT

Wissens-Elixier
(230 kcal), Seite 57

IVG 8
Hochleistung, Seite 98

Entspannungsübung
Seite 114

MITTAGESSEN

Omega-3-Booster
(570 kcal), Seite 79

Bewegungsübung 4
Blitz-Ski-Abfahrtslauf, Seite 122

2. ZWISCHENMAHLZEIT

2 Brain-Kugeln
(190 kcal), Seite 62

ABENDESSEN

Omas Leistungsbringer
(560 kcal), Seite 66

Bewegungsübung 5
Geistiger-Hopser, Seite 123

TAG
3
1.910 kcal

FRÜH-STÜCK	 **Schlaue Pancakes** (390 kcal), Seite 50	 **IVG 2** Aktivierung, Seite 95	 **Bewegungsübung 3** Mentaler-Gleichgewichts-Seitstütz, Seite 122
1. ZWISCHEN-MAHLZEIT	 **2 Brain-Taler** (160 kcal), Seite 59	 **IVG 5** Hochleistung, Seite 101	 **Entspannungsübung** Seite 114
MITTAG-ESSEN	 **Lustige Möhren-Suppe mit Avocado** (400 kcal), Seite 72 und **IQ-Pasta** (480 kcal), Seite 88		 **Bewegungsübung 7** Wendiges-Köpfchen, Seite 124
2. ZWISCHEN-MAHLZEIT	**Durchstarter** (220 kcal), Seite 65		
ABEND-ESSEN	 **Gerollte Dynamik** (260 kcal), Seite 67	 **Merkspannenübung 4** Aktivierung, Seite 106 **Merkspannenübung 2** Hochleistung, Seite 109	 **Entspannungsübung** Seite 114

TAG 4

2.000 kcal

FRÜHSTÜCK	**Galileo-Müsli** (350 kcal), Seite 46	 **IVG 6** Aktivierung, Seite 97	 **Bewegungsübung 12** Akrobatischer-Vierfüßler, Seite 126
1. ZWISCHENMAHLZEIT	**Blitzgescheit** (200 kcal) Seite 55 und **Müsli-Riegel „Rätselkönig"** (110 kcal), Seite 61	**IVG 10** Hochleistung, Seite 99	 **Entspannungsübung** Seite 114
MITTAGESSEN	**Scharfsinnige Spaghetti** (630 kcal), Seite 87		**Bewegungsübung 10** Scharfsinn-Spannung, Seite 125
2. ZWISCHENMAHLZEIT	 **Erinnerungsbox-Aktivator** (220 kcal), Seite 63		
ABENDESSEN	 **Steak der Weisen** (490 kcal), Seite 75		 **Bewegungsübung 14** Nerven-Rolle, Seite 127

TAG

5

2.030 kcal

FRÜH-
STÜCK

Knuspriges Warm-Up
(590 kcal), Seite 48

IVG 9
Aktivierung, Seite 99

Bewegungsübung 15
Gesäß-Aktivator, Seite 128

1. ZWISCHEN-
MAHLZEIT

Schietwetter-Shake
(100 kcal) Seite 56 und

2 IQ-Pralinen
(120), Seite 61

IVG 1
Hochleistung, Seite 94

Entspannungsübung
Seite 114

MITTAG-
ESSEN

Intelligenzbestie
(550 kcal), Seite 78

Bewegungsübung 1
Ruhige-Planke, Seite 121

2. ZWISCHEN-
MAHLZEIT

2 Gute Laune Brötchen
(380 kcal), Seite 58

ABEND-
ESSEN

Denk-Beschleuniger-Salat
(290 kcal), Seite 66

Merkspannenübung 7
Aktivierung, Seite 107

Merkspannenübung 9
Hochleistung, Seite 113

Entspannungsübung
Seite 114

TAG
6
1.970 kcal

FRÜH-
STÜCK

Leistungs-Müsli
(410 kcal), Seite 43

IVG 10
Aktivierung, Seite 99

Bewegungsübung 5
Geistiger Hopser, Seite 123

1. ZWISCHEN-
MAHLZEIT

Affenstark
(240 kcal), Seite 56

IVG 9
Hochleistung, Seite 103

Entspannungsübung
Seite 114

MITTAG-
ESSEN

Schlaues Köpfchen-Suppe
(470 kcal), Seite 73 und

1 Wissens-Brötchen
(160 kcal), Seite 49

Bewegungsübung 11
Mobiler Pfiffikus, Seite 126

2. ZWISCHEN-
MAHLZEIT

2 Braintaler
(160 kcal), Seite 59 und

1 Wissens-Durst
(130 kcal), Seite 57

ABEND-
ESSEN

Salat "Gehirnakrobat"
(400 kcal), Seite 68

Bewegungsübung 8
Pause für die Schaltzentrale, Seite 124

TAG 7

1.990 kcal

FRÜHSTÜCK

Frucht-Genie
(350 kcal), Seite 44

IVG 3
Aktivierung, Seite 95

Bewegungsübung 4
Blitz-Ski-Abfahrtslauf, Seite 122

1. ZWISCHENMAHLZEIT

2 Gute Laune Brötchen
(380 kcal), Seite 58

IVG 2
Hochleistung, Seite 100

Entspannungsübung
Seite 114

MITTAGESSEN

Geistreiche Pfannkuchen
(460 kcal), Seite 85 und

"Grips"-Salat
(280 kcal), Seite 70

Bewegungsübung 9
Entspannungs-Drehsitz, Seite 125

2. ZWISCHENMAHLZEIT

2 Müsliriegel "Margit"
(300 kcal), Seite 60

ABENDESSEN

Durchdachte Starthilfe
(220 kcal), Seite 52

Merkspannenübung 5
Aktivierung, Seite 106

Merkspannenübung 10
Hochleistung, Seite 113

Entspannungsübung
Seite 114

Glossar

Allostatische Last	dauerhafte Anpassungsmechanismen des Körpers an chronische Belastungen wie zum Beispiel Stress.
Antioxidativ	Eigenschaft des Körpers, sich vor oxidativen Stress zu schützen. Hierbei helfen dem Körper antioxidativ wirkende Nährstoffe wie Vitamin E sowie Sekundäre Pflanzenstoffe.
Arbeitsspeicher	Der Arbeitsspeicher ist die Zentrale für das Management bewusster Informationen. Wie bei einem Computer beschreibt dieser Begriff den Umfang der Informationen, die Sie in Ihrem Gehirn ‚aufbewahren' und unmittelbar danach abrufen können. Die Größe des Arbeitsspeichers wird bestimmt durch die Merkspanne und die Informationsverarbeitungsgeschwindigkeit (IVG).
Chunk	Chunks sind Informationsportionen, die dem Kurzzeitgedächtnis helfen, u.a. sprachliche Informationen verarbeiten zu können. Sie geben den Umfang der Arbeitsspeicherkapazität an.
Cross-over-Studie	Eine Cross-over-Studie ist ein spezielles Forschungsdesign der evidenzbasierten Medizin zum Vergleich zweier Maßnahmen. Dabei werden zwei Mittel, oder ein Mittel und ein Placebo, zeitlich versetzt den gleichen Probanden verabreicht. Verglichen mit herkömmlichen Studien mit zwei parallelen Vergleichsgruppen haben Cross-over-Studien den Vorteil, dass kleinere Unterschiede in der Wirksamkeit der Behandlungsformen statistisch signifikant ermittelt werden können und dass für den Nachweis eines signifikanten Unterschieds weniger Teilnehmer notwendig sind.
Distress	Distress ist negativer Stress, der bei Situationen und Anforderungen entsteht, die man als negativ empfindet.
Dopamin	Neurotransmitter des zentralen Nervensystems, der aus Noradrenalin in der Nebenniere gebildet wird. Dopamin wird wie Serotonin auch als „Glückshormon" bezeichnet.
Cooling Down Übungen	Sind im Rahmen des ABDD-Programms Gehirnjoggingaufgaben, die am Ende einer Trainingseinheit durchgeführt werden. Sie dienen der Herunterregulierung und der Entspannung nach hochintensiven geistigen Aktivitäten.
Effektoren	Ein Effektor ist ein Regulationsmolekül, das die Aktivität eines Enzyms beeinflussen kann.
E-Sport	Elektronischer Sport mit Hilfe von Computerspielen
Fluide Intelligenz	Fluide Intelligenz, oder auch flüssige Intelligenz, ist die Fähigkeit, Probleme zu lösen und logisch zu denken

Geistige Fitness	Geistige Fitness beschreibt die Leistungsfähigkeit des Gehirns, das sowohl Wohlbefinden, Gesundheit und somit auch die Lebensqualität jedes einzelnen Individuums umfasst.
Glukoneogenese	Die Glukoneogenese ist ein Stoffwechselweg für die Neubildung von Glukose im Körper.
Glykämischer Index Glykämische Last Glykämische Ladung	Gibt den Einfluss von kohlenhydrathaltigen Lebensmitteln auf den Blutzuckerspiegel wieder. Lebensmittel mit einem niedrigen bis mittleren Glykämischen Index sind im Rahmen des ABDD-Programms zu bevorzugen.
Hochbegabt	Eine intellektuelle Begabung über einem IQ von 130.
Homöostase	Das Gleichgewicht in einem offenen System. Es trägt zur Lebenserhaltung des Organismus bei.
Informationsverarbeitungsgeschwindigkeit	Die Schnelligkeit, Informationen wie beispielsweise Umgebungsreize aufzunehmen und verarbeiten zu können.
Intelligenzquotient	Der Intelligenzquotient (IQ) ist eine Kenngröße zur Bewertung der Ausprägung des Intelligenzniveaus. Der IQ wird mit Hilfe eines Intelligenztests ermittelt. Der IQ ist keine genetisch vollständig festgelegte Größe. Er wird u.a. durch die Ernährung, Bewegung und auch vom Training der geistigen Leistungsfähigkeit (MAT – Mentales Aktivierungs-Training) beeinflusst.
Isometrisches Training	Art des Krafttrainings, bei der die Muskeln während der Anspannung ihre Länge nicht verändern. Dabei bedeutet Iso (=gleich) und metrisch (=das Maß betreffend).
Item	Items sind Einheiten, wie Buchstaben und Ziffern, die im Bewusstsein gespeichert werden können.
Ketonkörper	Ketonkörper entstehen als Nebenprodukt bei der Energiegewinnung aus Fetten. Sie können bei einem Kohlenhydratmangel als Energielieferant für den Körper dienen.
Kristalline Intelligenz	Die kristalline Intelligenz bildet sich aus Lernprozessen im Laufe des Lebens. Hierzu zählen u.a. das Allgemeinwissen und das Schulwissen.
Laktat	das Salz der Milchsäure
Low carb	Diät, bei der die Kohlenhydrataufnahme reduziert ist.
Mental	das Denken oder den Geist betreffend
Merkspanne	eine Grundgröße, Informationen speichern zu können
Metabolismus	Umwandlung von Substraten in lebenden Organismen mit Hilfe von Enzymen (Synonym: Stoffwechsel)
Neurodegeneration	der fortschreitende Verlust der Funktionen und Strukturen von Neuronen
Neurofunktion	anderer Begriff für Hirnfunktionen

Neurologie, neurologisch	Lehre und Wissenschaft vom Nervensystem
Neurotrition	Wortschöpfung aus den Begriffen Neurofunktion und Nutrition (Ernährung). Befasst sich mit den Wechselwirkungen zwischen der Gehirnfunktion und der Ernährung.
New German Diet	Übertragung der positiven Faktoren der mediterranen Ernährung an traditionelle Verzehrgewohnheiten in Deutschland
Nutrition	Ernährung
Oligophrenie	angeborene oder erworbene Minderintelligenz
Oxidativer Stress	Oxidativer Stress ist eine chronische überschießende Bildung reaktiver Sauerstoffverbindungen (ROS = reactive oxygen species. Sauerstoff-Radikale) können im Körper vorübergehende oder bleibende Schäden und ein beschleunigtes Altern im Körper auslösen.
Peripher	am Randgebiet liegend bzw. am Rand befindlich
Schmauen	Wortschöpfung aus Schmecken und Kauen
Sekundäre Pflanzenstoffe	Sekundäre Pflanzenstoffe sind biologische Verbindungen, die nur in Pflanzen gebildet werden und wie Vitamine und Mineralstoffe für den menschlichen Körper unentbehrliche Funktionen übernehmen. Aktuell sind rund 15.000 verschiedene Sekundäre Pflanzenstoffe bekannt.
Serotonin	ein Neurotransmitter, der im Herz-Kreislauf-System, Zentralennervensystem, Darmnervensystem und im Blut vorkommt. Wird wie das Dopamin auch als Glückshormon bezeichnet.
Substratspezifität	Eigenschaft eines Enzyms, nur bestimmte Substrate / Substratgruppen verstoffwechseln zu können.

Abkürzungsverzeichnis

ABDD	Wortbestandteil vom ABDD-Programm: A für abwechslungsreiche Ernährung, B für Blutzuckerstabilisierung, D für Durstvermeidung und das zweite D für eine Dopaminoptimierung
ATP	Adenosintriphosphat
DGE	Deutsche Gesellschaft für Ernährung e. V.
DiSE	Deutsches Institut für Sporternährung e.V.
Dopamin+	Unterstützt die Bildung von Dopamin
GaM	Gesellschaft für angewandte Metaforschung mbH
GfG	Gesellschaft für Gehirntraining e.V.
GI / GL	Glykämischer Index / Glykämische Last
IfGB	Institut für Gesundheitsförderung im Bildungsbereich e.V.
IQ	Intelligenzquotient
IVG	Informationsverarbeitungsgeschwindigkeit
LS / LLS	Linolsäure / α-Linolensäure
MAT	mentales Aktivierungstraining
MRT	mentales Relaxations-Training
MUFS	mehrfach ungesättigte Fettsäuren
RTS	Rosbacher Trinkstudien
SgF	Skala für geistige Fitness
SOMEKO	Wortschöpfung aus den Begriffen SOmatisch (körperlich) MEntal (geistig) KOmpetenz (Fähigkeit)
SPS	Sekundäre Pflanzenstoffe
SWE	Selbstwirksamkeitserwartung
WHO	Weltgesundheitsorganisation

Über die Autoren

Günter Wagner

Der Ernährungswissenschaftler Günter Wagner (Dipl. oec.-troph.) studierte an der Justus-Liebig-Universität Gießen Oecotrophologie und Erziehungswissenschaften. Er ist Mitglied des Vorstandes im Deutschen Institut für Sporternährung e.V., Campus Sportklinik Bad Nauheim. Im Rahmen der sportmedizinischen Betreuung der Sportklinik Bad Nauheim berät er Leistungs- und Hochleistungssportler sowie Freizeit- und Breitensportler. Zudem ist er im wissenschaftlichen Beirat des VFED e.V. (Verein für Förderung der Ernährung und Diätetik) in Aachen, im Institut für Gesundheitsförderung im Bildungsbereich (IfGB) e.V., Wuppertal, sowie als Mitglied im wissenschaftlichen Beirat der Gesellschaft für Gehirnforschung e.V. und der Academy of Balneology, Health Resort Science, aktiv. Er ist Mitinitiator des vom Bundesministeriums für Ernährung, Landwirtschaft und Verbraucherschutz im Rahmen des Wettbewerbs „Besser Essen – Mehr Bewegen“ geförderten Projektes KIKS UP und arbeitet dort in der Planungs- und Koordinierungsrunde.

Dr. Siegfried Lehrl

Der Diplom-Psychologe Dr. Siegfried Lehrl wirkte nach seinen Studien an der Technischen Hochschule Aachen (Bauingenieurwesen) und an den Universitäten Köln (Psychologie) und Erlangen (Psychologie) zunächst an der Universität Erlangen-Nürnberg, zuletzt als Akademischer Rat und Oberrat. Anschließend war er stellvertretender Direktor und Leiter der Abteilung für Medizinische Informationspsychologie am Institut für Kybernetik in Paderborn. Danach war er an der Psychiatrischen Klinik der Universität Erlangen-Nürnberg tätig und war bis 2008 als Akademischer Direktor an der Uni Erlangen-Nürnberg. Dr. Lehrl beschäftigt sich intensiv mit den Feldern Intelligenz-, Gedächtnis-, Demenz- und Lebensqualitätsforschung, vorwiegend aus informationspsychologischer Sicht. Er arbeitete maßgebend mit an der Entwicklung psychologischer und psychopathologischer Tests, an der Erforschung und Entwicklung von Maßnahmen zur Steigerung der geistigen Leistungsfähigkeit, zum Erreichen mentaler und mnestischer Höchstleistungen und zur Erhöhung der Forschungseffizienz. Er hat rund 500 wissenschaftliche Publikationen verfasst, davon ca. 50 Bücher. Dr. Lehrl ist Gründungsmitglied der seit 1989 bestehenden Gesellschaft für Gehirntraining e. V. (GfG), einem gemeinnützigen Verein zur Förderung geistiger Fitness, der die Idee des Gehirntrainings sowie wissenschaftlich anerkannte Methoden und Erkenntnisse zur Steigerung der geistigen Leistungsfähigkeit möglichst vielen Menschen bekannt und zugänglich machen möchte.

Eva Maria Hund

Eva Maria Hund (Dipl. oec. troph.), studierte an der Justus-Liebig-Universität in Gießen Ökotrophologie. Sie ist am Deutschen Institut für Sporternährung e.V., Bad Nauheim, verantwortlich für den Bereich Ernährungsberatung sowie Gewichtsreduktion bei Erwachsenen und Kindern. Sie arbeitet selbstständig in eigener Praxis in Wetzlar, Schwerpunkt Essstörungen, Fettstoffwechselstörungen und Nahrungsmittelunverträglichkeiten. Seit mehreren Jahren unterrichtet sie an der Berufsschule in Friedberg in den Ausbildungsberufen BäckerIn und BäckereifachverkäuferIn.

Impressum

Günter Wagner · Dr. Siegfried Lehrl · Eva Maria Hund

5 IQ-Punkte mehr in 7 Tagen

Das kompakte Programm aus Ernährung, Gehirntraining und Bewegung

NATÜRLICH GEISTIG FITTER – DAS PRAXISBUCH

ISBN 978-3-944592-27-5

1. Auflage 2020

Bibliographische Information der Deutschen Nationalbibliothek
Die Deutsche Nationalbibliothek verzeichnet diese Publikation in der Deutschen Nationalbibliographie; detaillierte bibliographische Daten sind im Internet über http://dnb.dnb.de abrufbar.

www.eubiotika-verlag.de
Facebook.com/Eubiotika.Verlag
Lektorat: Dagmar Winklhofer-Bülow
Printed in Germany

Haftungsausschluss

Die in diesem Buch dargestellten Erkenntnisse und Studien wurden sorgfältig recherchiert und von den Autoren nach bestem Wissen und Gewissen wiedergegeben. Dennoch kann keine Garantie übernommen werden. Eine Haftung des Autors oder des Verlages für Schäden, die sich durch Anwendung der im Buch enthaltenen Empfehlungen ergeben, ist ausgeschlossen. Alle Informationen ersetzen in keinem Fall ärztlichen Rat und ärztliche Hilfe. Bei erkennbaren Krankheiten ist in jedem Fall ein Arzt aufzusuchen.

Bildnachweise

Umschlag: Kopf = ARPORN SEEMAROJ - stock.adobe.com - 69416778; Gehirn = Lorelyn Medina - stock.adobe.com - 167063906

Pexels - pixabay.com - Seite 4-7 Hintergründe; Peter Sturm privat - Seite 5; Maria Möllenberg-Hemker privat - Seite 7; ©pathdoc - stock.adobe.com - Seite 8; Hintergrund - DarkWorkX - pixabay.com; Block - DarkWorkX - pixabay.com - Seite 18-34; geralt - pixabay.com - Seite 18; Sascha Fromm - Seite 35; Hintergrund - DarkWorkX - pixabay.com - Seite 35-40; PublicDomainPictures - pixabay.com - Seite 40; Gehirn - ElisaRiva - pixabay.com; Essen - FotoshopTofs - pixabay.com - Seite 41; Hintergrund - geralt - pixabay.com - Seite 41-136; Lara Keul privat - Seite 42; Free-Photos - pixabay.com - Seite 44; tookapic - pixabay.com - Seite 45; StockSnap - pixabay.com - Seite 46; katjasv - pixabay.com - Seite 47; pixabay.com - cgdsro - Seite 48; Tabeajaichhalt - pixabay.com - Seite 50; julenka - pixabay.com - Seite 53; xxolgaxx - pixabay.com - Seite 54; fotolia.com - Maxim Khytra - Seite 55; RitaE - pixabay.com - Seite 56; stevepb - pixabay.com - Seite 56; starbright - pixabay.com - Seite 57; Couleur - pixabay.com - Seite 58; larrosa - pixabay.com - Seite 60; Einladung_zum_Essen - pixabay.com - Seite 61; djanoff - pixabay.com - Seite 63; IS-RWS_03 - Seite 64; IS-MUS 04 - Seite 65; pixabay.com - Levoqd - Seite 67; IS-MUS 03 - Seite 68; kakuko - pixabay.com - Seite 69; IS-RHF 04 - Seite 70; RLievi - pixabay.com - Seite 71; Einladung_zum_Essen - pixabay.com - Seite 72; kaboompics - pixabay.com - Seite 73; congerdesign - pixabay.com - Seite 74; saritjokro - pixabay.com - Seite 75; schlauschnacker - pixabay.com - Seite 76; lon68 - pixabay.com - Seite 78; pastel100 - pixabay.com - Seite 79; valtercirillo - pixabay.com - Seite 80; LuckyLife11 - pixabay.com - Seite 81; hurdiantonia0 - pixabay.com - Seite 83; vedanti - pixabay.com - Seite 86; Terry Davis - fotolia.com - Seite 87; RitaE - pixabay.com - Seite 88; skeeze - pixabay.com - Seite 89; 13_Phunkod - www.shutterstock.com - Seite 115; GiZGRAPHICS - Fotolia.com - 32050152 - Seite 118; AndiP - pixabay.com - Seite 119; Pexels - pixabay.com - Seite 129; symbolc pixabay.com - Seite 130-136; Hintergründe - DarkWorkX - pixabay.com - Seite 130-148; Frank Baumhammel - Seite 141; Siegfried Lehrl privat - Seite 142; Foto Studio Schad Wetzlar - Seite 143

Lesen Sie auch das Grundlagenbuch zum Thema!

Neurotrition

Die richtige Ernährung für einen höheren IQ

NATÜRLICH GEISTIG FITTER – DAS GRUNDLAGENBUCH

Zu diesem vorliegende Praxisband, den Sie gerade in den Händen halten, gibt es auch noch einen ersten Band, der die wissenschaftlichen Hintergründe für das Kompaktprogramm zur Steigerung der geistigen Leistungsfähigkeit darstellt. Darin wird anhand von Studien gezeigt, dass jeder seine Intelligenz selbst aktiv steigern kann, und zwar mit der richtigen Ernährung und einem gezielten Gehirntraining. Auf dieser Basis haben der Ernährungswissenschaftler Günter Wagner vom Deutschen Institut für Sporternährung und der Intelligenzforscher Dr. Siegfried Lehrl von der Gesellschaft für Gehirnforschung das ABDD-Modell entwickelt: A steht für die Abwechslung in der Ernährung, B für die Blutzuckerstabilisierung, D für die Durstvermeidung und das zweite D für die nutritive Dopaminoptimierung in Kombination mit Gehirnjogging und positiv motivierender Bewegung. Nicht nur bei der Steigerung der geistigen Leistungsfähigkeit, auch bei deren Erhalt spielt die Ernährung eine wichtige Rolle. Darum geht es in einem Gastbeitrag zum Thema Alzheimer-Prävention. Bei der Optimierung der Ernährung spielen neben den Kohlenhydraten vor allem die Sekundären Pflanzenstoffe aus Obst und Gemüse eine immer wichtiger werdende Rolle in der heutigen Ernährung. Die Ökotrophologin Dr. Anja Bettina Irmler zeigt auf, dass diese u.a. die Bildung neuer Nervenzellen fördern und die Aktivität von Zellen in Gehirnregionen steigern, die für die Erinnerung und Konzentration zuständig sind. Die ganz konkrete Anleitung zur Umsetzung des ABDD-Programms zur Steigerung des IQ beinhaltet das vorliegende Buch.

ISBN 978-3-944592-22-0 · € 14,80 (D) · Erhältlich im Buchhandel oder direkt beim Verlag (www.eubiotika-verlag.de).

Wichtige Adressen

Gesellschaft für Gehirntraining e.V.

Dr. Siegfried Lehrl (Erster Vorsitzender)
Postfach 1420
85555 Ebersberg
Tel.: 08092 864930
Fax: 08092 864950
E-Mail: info@gfg-online.de
www.gfg-online.de

Deutsches Institut für Sporternährung e.V.

In der Au 30 – 32
61231 Bad Nauheim
Telefon: 06032 71200
Telefax: 06032 71201
E-Mail: info@dise.online
www.dise-online.de

Buchempfehlungen

Günter Wagner,
Dr. med. Johannes M. Peil,
Uwe Schröder

Trink dich Fit – Handbuch für das richtige Trinken Sport, Beruf und Freizeit

pala-verlag Darmstadt

ISBN-13:
978-3-89566-291-1

Dr. Mathias Oldhaver,
Günter Wagner

Sporternährung praxisnah: Mehr Leistung mit Mikronährstoffen

Eubiotika Verlag
Wiesbaden

ISBN:
978-3-944-592-16-9

Günter Wagner,
Uwe Schröder

Essen Trinken Gewinnen – Praxishandbuch für die Sporternährung

pala-verlag Darmstadt

ISBN:
978-3895662515

Siegfried Lehrl,
Günter Wagner,
Elmar Gräßel (Hrsg.)

Geistig fit in Schule, Beruf und Alltag

Geistige und körperliche Maßnahmen zur Förderung der mentalen Fitness im Leben ab Schulbeginn

Band 11
kopaed München

ISBN:
978-3-86736-441-6

Anna Lena Böckel,
Uwe Schröder,
Günter Wagner

Fit mit Kokos

Vegetarische Genussrezepte für geistige und sportliche Fitness

pala-verlag Darmstadt

ISBN:
978-3-89566-356-7

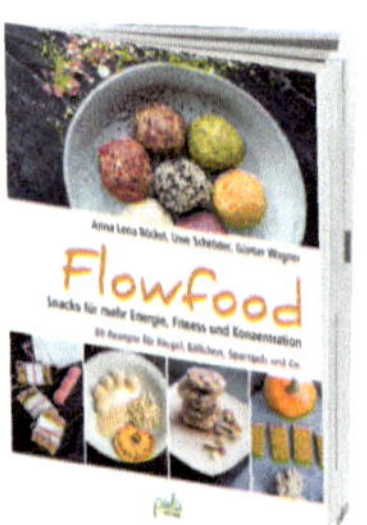

Anna-Lena Böckel,
Uwe Schröder,
Günter Wagner

Flowfood

Snacks für mehr Energie, Wohlbefinden und Konzentration

pala-verlag Darmstadt

ISBN:
978-3-89566-386-4

Dr. rer. nat. Anja Bettina Irmler,
Dr. med. Georg Wolz

Sekundäre Pflanzenstoffe

Eubiotika Verlag Wiesbaden

ISBN:
978-3-944592-10-7

Dr. rer. nat. Anja Bettina Irmler

Brokkoli

Gesundheitliche Wirkung und wie man am besten von den wertvollen Inhaltsstoffen profitiert

Eubiotika Verlag Wiesbaden

ISBN:
978-3-944592-23-7